JN113986

【大学受験】名人の授業シリーズ

正司の小論文
探究の教科書

東進ハイスクール・東進衛星予備校 講師

正司光範
Mitsunori Shoji

はじめに

　東進ハイスクール・早稲田塾で小論文を教えている、正司光範といいます。

　本書は、難関大学の入試で小論文が必要だけど勉強したことがない方や、これから小論文対策を本格的に始めたい方を対象にしています。高校でもなかなか小論文の書き方は指導されていないので、どうやって小論文を書けばいいか、最初はわからないものですよね。

　小論文は自分の思ったことを書くエッセイではありません。あるいは、あなたの「ちょっとした思いつき」や「安易な解決策」を書くことが求められているわけでもありません。それらを一生懸命書いたとしても、**「それってあなたの感想ですよね」**と言われるだけです。それはとても悲しいですよね。

　小論文とは、あなたの主張を**「証明」**する科目です。数学が数式を使って証明するのと同様に、言葉によってあなたの主張と根拠を証明する。その証明の質によってあなたの小論文の評価が決まります。そこで問題になるのは、受験会場で皆さんが**どのようなプロセス**で、その「証明」を行っていくかです。

　近年の大学入試の小論文は今話題の**「探究」**の能力を問う問題ばかりです。様々な知識を総合的・統合的に活用して、現代社会の複雑な課題やその原因を的確に把握する。さらには、他者と議論を深めて解決策を導き、主体的に問題を解決する。小論文で高得点を取るには、そのような高度な能力の養成が必須になっています。

　さらに法学部であれば法律学や政治学、文学部であれば哲学や文学、理系の学部であれば最先端のサイエンスやテクノロジーなどの、現代的で極めて重要なテーマが扱われます。

　皆さんも志望校の過去問を見てみると、こんな複雑な問題をどのようなプロセスで解いていったらいいのか？　そんな不安を感じるかもしれません。しかし、大丈夫です。難関大学の問題は極めて優れていて、**観察・分析を積み上げていけば、すっきりと解ける**ように作られています。

本書はアカデミックな研究をベースにして、**１**設問の理解、**２**資料の読解、**３**レジュメ作成、**４**文章化、という論文作成のプロセスを懇切丁寧に解説していきます。科学的思考力を発揮して、現象を観察・分析する能力を磨き上げていきます。しっかり学習すればどんな問題でも解答を導けるようになります。

　「小論文には型があって、当てはめるだけで書けるようになる。」「このテーマにはこの内容を書けば、合格する。」本書は、そんな巷にあふれる小手先のテクニックを解説した参考書とは一線を画します。

　大学入試は大学からのメッセージです。大学の教員はこれから入学する学生に想いを込めて、入試問題を作成しています。必要なのはそんなくだらないテクニックではなく、大学の学問に真正面から挑もうとする意欲そのものです。本書は入試の範囲を超えて、一生役に立つ問題発見・解決の能力を一歩ずつ高めてほしい。そんな気持ちを込めて「探究の教科書」という副題をつけました。

　最高の才能は、好奇心です。これから学ぶ未知の学問について、ドキドキワクワクする感覚。新しいことを知る喜び。そんな知的好奇心があれば、能力は自然に身に付きます。覚悟を決めましょう。

選択の良し悪しは、
選択後の努力によって決定される。

正司 光範

本書の使い方

　本書は 10 の Chapter で構成されています。Chapter1 ～ 2 では、小論文の基本と「論文作成のプロセス」についてお話しします。まずはここから学習を始めましょう。Chapter3 ～ 10 は、大学入試で出題頻度の高いテーマから問題を厳選し、課題として扱います。必ず自分なりの答案を作成してから解説を読み始めてください。

■ 課題
制限時間や制限字数、出典が示されています。まずは自分で答案を作成しましょう。

■ 添削ラボ・答案例
解説に入る前に、実際に高校生が書いた答案例を示します。自分が書いた答案と読み比べてみましょう。解説を読み終わったら、もう一度戻ってきて、添削したり、改善案を考えたりしましょう。

■ POINT
答案例を読んで気づいてほしいポイントです。課題への理解を深める材料にしましょう。

■ 論文作成のプロセス
Chapter3 からは「論文作成のプロセス」を示しながら、課題について解説していきます。各プロセスで重要となる技術についても説明しますので、1 つずつ確認しながら進めていきましょう。

■ 補足説明
本文中で解説しきれなかった事項の簡潔な説明や、ちょっとした学習アドバイスです。本文中に「*」がついている事項を説明します。発展的な学習に役立ちます。

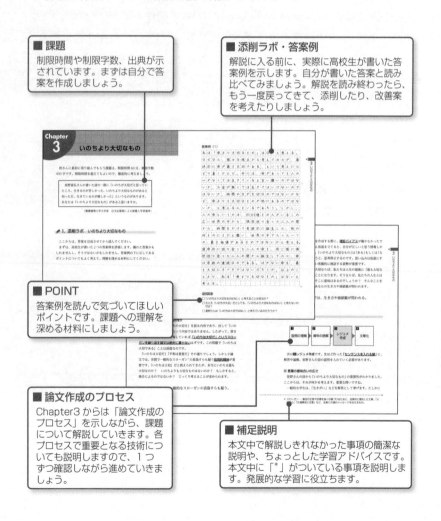

Chapter3 以降では、小論文を書くための様々な技術を説明しながら、課題を解説します。課題以外に例題を掲載しているところもありますので、それらも参考にしながら、小論文という科目への理解を深め、合格答案の作成力を身に付けましょう。

■ 解説

太字＋赤線：解説の中で特に重要な部分です。

太字：NOTE で整理する「関連する問い」を示しています。

赤字：巻末の参考人物リストを参照できます。

■ NOTE

各課題で、解答に必要な要素を整理していきます。Chapter3 ～ 5 では実際に高校生が書いたレジュメ例も示します。小論文を書いていく際、どのように考えを深めて整理すべきか、参考にしましょう。

■ まとめ

小論文の学習に取り組むうえで大事にしてほしいことが格言風に書かれています。

■ 添削ラボ・優秀論文

各 Chapter の終わりに、実際に高校生が書いた優秀論文を掲載します。解説を踏まえ、自分の答案と読み比べてみましょう。復習では、優秀論文を添削したり、自分の答案を書き直したりしましょう。

■ コメント

優秀論文について、優れている点や、さらに検討が必要な点が書かれています。答案評価の参考にしましょう。

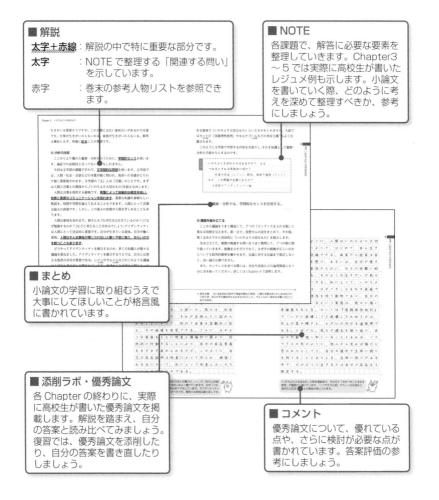

目次

Chapter

1

小論文学習で重要なこと

小論文はエッセイではありません。まずは、哲
学的な問いをじっくり観察・分析することを学
びます。小論文とはどのような科目なのかがすっ
きりわかります。

Chapter 1

小論文学習で重要なこと

1. 小論文は大人な科目である

　大学入試では、現代の世相が鋭く反映されたテーマが度々出題されます。ドナルド・トランプ氏が大統領に就任し "America First" を唱えた時期には、民主主義の後退が様々な大学・学部で出題されました。トランプ前大統領の排他的な政策や欧州におけるナショナリズムの勃興は、これまで築き上げられてきた民主主義を根幹から揺るがす。そんな危機意識が問われたのです。

　近年では、競争社会に関連して**自己責任論**がしばしば出題されます。「頑張った人が報われるのは当然で、頑張らなかった人が様々な困難に陥るのは『自己責任』の問題だ。」皆さんの中にもそう考える人がいるかもしれません。しかし、そもそも競争社会の前提にある**機会の平等**は本当に実現されているのか、という議論があります。近年の研究では能力だけでなく、意欲や集中力、性格などにも生まれ育った環境が大きな影響を及ぼすといわれています。

　それでは本当の意味で機会の平等などない中で、どのような格差が許容されるのでしょうか？　このような問題意識が東京大学や名古屋大学、慶應義塾大学、早稲田大学の小論文・総合問題でも問われました。実に難しく、そして深いテーマです。

　大学入試の小論文では、大学・学部を問わずこのような社会や人間の根幹に関わる**哲学的な問い**が繰り返し出題されています。大学が受験生に問いたいのは、人間性や社会に対する価値観そのもの。この科目は、受験生にそんな本質的な問いを突きつける**大人な科目**なのです。

　　　　小論文では、哲学的な問いが出題される。

2. 哲学的な問いにどのように対応するか？

　小論文で出題されるほとんどすべての問題は、何らかの形で、人間や社会の本質について考える**哲学的な問い**になっています。それは、哲学を専門的に扱う文学部だけでなく、法学部や理系学部でも同様です。むしろ理系学部でこそ、そのような人間や社会の本質についての理解が問われることが多いといえます。次の3つの問いを見てください。

> Q.1　私たちは、未来に対して責任があるか？
> Q.2　議論することは暴力を放棄することか？
> Q.3　文化の多様性は人類の統合の障害になるか？

　これらは、フランスのバカロレア試験*で出題された、哲学の問題です。フランスの高校生は大学進学のために「哲学」を必修科目として受験する必要があります。受験生はこれらのような複数の問いの中で1つを選択し、自分が考えた内容を自由に展開します。文字数の制限はありません。

　何よりも驚くのは、このたった1つの問いに対して、実に**4時間**が与えられていることです。課題文も会場に持ち込める資料もありません。ただ1つの問いに向き合い、4時間を費やし自分なりの解答を導き出す。こんな試験が必修科目として実際に行われているのです。

　日本の学生はそのように考え抜く試験には慣れていません。むしろ大学入学共通テストなどを典型に、大学入試では「瞬発的に対応する能力」が問われます。

　ところが、小論文という科目はそんな日本の入試ではかなり異質です。バカロレア試験と同様に、**じっくりと問題に向き合う姿勢**が強く要求されます。すぐに、ちょっとした思いつきや、ただの感想を書こうとする。そんな浅はかな態度は直ちにやめましょう。

---

* バカロレア試験 … フランスの高校生が卒業時に受ける試験のこと。合格者は大学入学資格を得られる。

　試験会場で想像力を働かせて、「人間とは何か」「社会とは何か」などという普遍的なテーマについてじっくり観察や分析を行う。そして考え抜いたことを論理的に整理し、熱烈に言葉で伝える。小論文に取り組むうえで、このような姿勢が必要なことは強調してもしすぎることはありません。

小論文は、
じっくりと問題に向き合う姿勢が要求される。

3. 小論文が書けない学生の誤解

　小論文が書けない学生は、「自分が書けないのは**知識がない**から」だと思い込んでいます。知識がないから民主主義の後退について書けない。知識がないから自己責任論について書けない。知識さえあれば書けるのに……。

　しかし実際には、このような学生はたとえ知識があっても優れた答案を書けません。もちろん前提知識はある程度必要ですが、あくまで思考の材料です。自分が知っているうろ覚えの知識を書いても、小論文として高い評価は得られません。なぜなら、同じようなテーマが出題されたとしても、実際にはそれぞれの問題で**争点は全く異なる**からです。

　重要なのは哲学的な問いと**その場で格闘する**ことです。自分の知識や価値観に照らして、本気で考え抜く。その場で**新たに生まれた「思考」と「表現」**だけが、大学教員に強烈なメッセージとして**伝わります**。伝えるにはかっこいいフレーズではなく、優れた人間性と真摯に考え抜く姿勢が必要なのです。

　そもそも小論文という科目は、**大学での研究活動**を下敷きにしています。皆さんが大学で専門性を身に付け、対象を観察・分析して論文を書く。この科目はそのような「研究者としての資質」を試す側面があります。したがって、一部の予備校や参考書でみられる、「このテーマには

これを書けば合格する」などという指導法は、大学の想いを完全に否定した悪質なものと言わざるをえません。

その場で新たに生まれた「思考」と「表現」だけが、
強烈なメッセージとして伝わる。

4. 批判的精神を発揮する

　さらに重要なのは**批判的精神**です。おそらく皆さんは「素直」なのは良いことだと教えられてきたと思います。人間が社会的存在である以上、「他者を信頼する能力」は重要です。しかし、インターネット上にデマやフェイクニュースがあふれる現代社会では、周囲の人々やメディアなどから得られる情報を「安易に信じる素直さ」は仇となります。

　そもそも人間は様々な形でステレオタイプや偏見を持っています。自分が好きなことや取り組んできたことを重視し、嫌いなものや関心のないものを軽視します。危機的状況が起きているのになかなか問題に気がつけない。そんな**正常性バイアス***も働きます。さらには、実際に起きたことですら自分に都合よく記憶や解釈を捻じ曲げます。われわれの認識は残念ながら著しく**偏っている**のです。

　重要なのは、他者からの情報や自らの認識に対して、客観的に判断できる能力を身に付けることに他なりません。筆者が課題文に書いた内容を鵜呑みにしない。さらには、**自分自身の仮説についても徹底的に疑い、反論に対する再反論まで想定する**。そのように深く考えることはとても楽しく、生きるうえで大きな助けになります。

批判的精神を育んで、
客観的に判断できる能力を身に付ける。

＊ バイアス … 考え方や意見に偏りを生じさせるもの。

5. 意見が割れる争点

　小論文で出題されるテーマには必ず**意見が割れる争点**があります。そしてその争点について、あなたが**価値判断**をすることが要求されます。

　「環境保全のためにリサイクルしよう」「平和は重要なので、戦争をすべきではない」このような小学生でも考えられるようなスローガンは、小論文のテーマになりえません。みんなの**意見が割れないテーマは論証する必要がない**からです。「環境をガンガン破壊していこう！」とか、「平和なんて無意味だから戦争をしよう」などと主張する人を実際に見たことがあるでしょうか？

　次の問題を見てください。

> 　近年、特に若い世代において、映画やドラマを早送りで視聴するなど「タイパ」（タイムパフォーマンス）が重視される傾向にあると言われている。このような時間あたりの効果や満足度を大切にする考え方について、あなたの考えを自身の経験をまじえて述べなさい。

（東京大学文科三類　外国学校卒業学生特別選考第 1 種）

　「タイパ」を重視する考え方には当然、賛成・反対の立場があります。それらをしっかりと分析して具体的に論じる。小論文では、このように意見が割れる争点をきちんと認識して、双方の立場から客観的に論じることが要求されるのです。

小論文では、
意見が割れる争点だけが出題される。

6. 価値判断の厄介な側面

　ところが、価値判断には厄介な側面があります。それは、すべての価値判断は**相対的**であり、**基準次第で変わる**ことです。ここで１つ例を挙げてみます。

　私、正司光範は身長172㎝です。この事実に対して、「正司光範は身長が高いか？」という問いが与えられた場合、どう評価するとよいでしょうか？

　皆さんは「高くはない。平均的かな？」と思うかもしれません。それはおそらく日本人の成人男性の平均身長が171㎝ぐらいだと知っていて、判断しているからだと思います。１つの解答として間違いではありません。

　しかし、実際に身長が高いかどうかを判断するためには、「基準」が重要になります。たとえば、私と身長160㎝の誰かを比較したときには、「高い」と判断されるでしょう。あるいは、正司家の人々が身長150㎝ぐらいだったとすると、「とても高い」ことになります。つまり、私の身長が高いか低いかは「比較対象をどのように設定するか」によるわけです。

　小論文ではまさにこの基準・論拠が重要になります。すべての価値判断はいわば相対的で、条件次第で結論が変わる。「日本の民主主義は危機的状況か？」「自己責任論は妥当か？」「『タイパ』を重視する考え方はよいか？」ほとんどすべての議論は結論として「場合による」「条件次第」となるのです。

　したがって、論じるうえでは、他の人にとっても妥当といえる**判断の基準**を明確に示すことが大切なのです。身長であれば誰かと比較する。政治家の業績であれば政策の効果を検証する。論証では、他の人にとっても「たしかにそうだよね」といえる判断の基準や論拠が不可欠になります。

　論証とは、与えられた前提から、推論に従って真なる結論を導き出すことです。論証は論拠を前提とし、命題を結論とする推論をします。論拠は、論証において、ある事実の真偽を判定する根拠となる事柄のことです。

価値判断では、妥当な判断基準を示す。

　この章では、「小論文とは何か」という根幹部分をお話しました。小論文のイメージがガラッと変わった方も多いと思います。ここで書かれた内容はこの後の解説でも度々出てくる本質的な内容です。何度も読み返して、自分のものにしてほしいです。日常生活でも科学的思考力を発揮して観察・分析する癖をつけていきましょう。

Chapter

2

論文作成のプロセス

限られた時間内に、どうやって小論文を書き
上げるのか？　小論文を書くために身に付け
てほしい4つのプロセスと関連する技術につ
いてお話しします。

Chapter 2

論文作成のプロセス

1. 小論文のタイムマネジメント

　小論文という科目の特殊性は、長い制限時間（例えば120分）を使って、たった1題の問題を解く点にあります。答案を書き上げるプロセスは多岐にわたります。受験生には、そのプロセス全体を管理し制限時間内に答案を書き上げる、高度な**タイムマネジメント能力**が必要です。

■ タイムマネジメントの難しさ

　「課題文を読んで、色々考え書こうとしたが、時間が足りなかった。」こんな状況に陥るのは絶対に避けたいですね。

　また、小論文のタイムマネジメントには、時間が足りなくなること以外にもう1つの問題があります。それは、逆に、答案をあまりに早く書き上げてしまうことです。

　他の科目では短時間で問題を解くのは良いことですが、小論文の場合、答案を早く書き上げる学生は、ただ雑な答案を仕上げているだけのことが多いです。本来必要な、観察や分析に十分な時間を割かず、ちょっとした知識や思いつきを書く。これが時間の余る要因です。ここで想像力を働かせて、皆さんもそんな人の気持ちになってみましょう。

　あなたは第一志望校の試験会場にいます。何とか小論文を書き上げたものの30分ほど時間が余りました。そこで答案を読み返すと、気に入らない部分がでてきます。合格したいと思うほど、書きなおしたくなる。そこで書いたものを消しゴムですべて消して書きなおし始めます。

　ところが見通しが甘いので、今度は「書きなおしもうまくできない」ことに気がつきます。「しまった。やはりさっきの方がよかったかな。」答案を書いては消し、書いては消し。こうして、試験終了の時刻を迎えます。……これは、最悪です。

■ タイムマネジメントのコツ

タイムマネジメントのコツは逆算思考で考えること[*] です。なんとなく文章を読んで、なんとなく書き始める。それでは質の高いものは書けません。

まずは先に、自分が文章化に何分かかるのかを予測します。手掛かりは、文章執筆のスピードです。文章化にかかる時間には個人差がありますが、トレーニングすれば 10 分で 400 ～ 500 字程度は書けるようになります。その基準を手掛かりに、タイムマネジメントします。

たとえば、制限字数が 400 字の問題の場合、文章化は最後の 10 分でできます。そこから逆算して時間を割り振れば、時間をうまく使えるのです。

小論文では、
高度なタイムマネジメント能力が要求される。

■ 全体のプロセスを認識する

論文作成のプロセスには 4 つの段階があります。

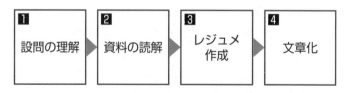

| **1** 設問の理解 | **2** 資料の読解 | **3** レジュメ作成 | **4** 文章化 |

それぞれのプロセスで、どんな作業をするのか。何に注意が必要なのか。何ができたら次のプロセスに進んでいいのか。それらを明確に理解すれば、どんな問題でもスラスラ解けます。それぞれの注意点を説明します。

---

[*] 小論文に限らず、皆さんが何かに取り組む際には、常にゴールを明確にして、そこから逆算して計画を立てることが重要です。受験勉強でもぜひ意識してみてください。

2.　設問の理解

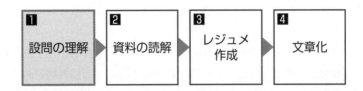

　まずは、❶設問の理解からです。設問をしっかり理解してから課題文を読解する。当たり前のように聞こえますが、逆にいえば、設問を「理解していない状態」では、絶対に課題文を読んではいけないのです。

　たとえば、皆さんがタイ料理のカオマンガイを作るところを想像します。このとき、皆さんがカオマンガイという料理を知らなければ、スーパーで適切な材料（鶏肉や長ねぎ、ナンプラーなど）を購入できず、色々なコーナーをウロウロすることになります。

　小論文でも同様のことが起きます。多くの受験生は、設問をサラッと読んで「理解した」と思い込みます。しかし実際には理解が不十分なので、資料を読んでいるうちに「設問が何だったか」がわからなくなり、ウロウロするのです。

設問を十分に理解してから作業する。

■ 設問の理解ができている基準

　皆さんが「設問の理解ができているか」を判断するための、簡単な方法があります。今後、設問が理解できたと思ったら、一度課題文や設問から目を離して<u>何も見ていない状態でその内容を説明できるか</u>をチェックしてみてください。

　うまく説明できるならば、大丈夫。逆にうまく説明できず、再び課題文や設問を見返したくなるなら理解が不十分です。「記憶」を判断の基準とし、面倒くさがらずに必ずチェックしましょう。

このプロセスでは**「設問は神様である」**という意識も重要になります。表面的に設問の内容を理解しても、うまく問題にアプローチできないことがあります。そんなときには「なぜ、この問題が出題されたのか？」という出題意図を考えます。設問をいわば神様のように絶対的なもの*と考え、その**内なる声**を聴くのです。

たとえば、民主主義の後退が出題されたとき、「なぜ、この問題が出題されたのか？」と考えて、「トランプ前大統領の難民政策」や「欧州における極右政党の台頭」などをイメージします。そうすると問題意識を共有できて圧倒的に解きやすくなります。小論文は設問の趣旨を理解するうえで、出題意図を把握するとうまくいくのです。

皆さんが「小論文は設問の理解こそが難しい。そして面白い！」とリアルに感じられるようになったら、皆さんの実力はかなり伸びていると思います。

設問は神様である。

■ 解答の型を作る

次に**解答の型**を作る作業に移ります。制限字数で文章をまとめるのは大変ですよね。話すスピードを変えられる話し言葉とは違って、書き言葉は目安がより重要です。これも簡単にできるコツがあります。制限字数をヒントに「最終的にこんな形になる」という解答の型を作るのです。

まず、設問の制限字数をチェックします。日本語では、1つのセンテンスはおおむね 50 ～ 60 字と決まっています。この字数をもとに、いくつのセンテンスを作るかを決めるのです。**字数からセンテンスの数を決める**。これは便利です。

それでは、400 字の答案を作る場合を考えてみます。400 字を 60 で割り、7つのセンテンスを作るとわかります。そこでノートを用意して、

---

*キリスト教の聖書にしても、イスラム教のコーランにしても、神の言葉は簡単に理解できるものではありません。

次のように上から番号を振って**「センテンスを入れる箱」**を用意します。

NOTE

【センテンスを入れる箱】

1.

2.

3.

4.

5.

6.

7.

まず「解答の型」を作って、最終的なイメージを持つ。

■ 「箱」に入れる情報

　この後、観察・分析の作業を進めたうえで、それぞれの「箱」に必要な情報を埋めます。このとき重要なのは、**それぞれのセンテンスに異なる役割を与える**ことです。役割を重複させてはいけません。情報を整理して、手段と目的、原因と結果など、それぞれのセンテンスが異なる役割を果たすように設計します。時間軸・空間軸で分けるのが一般的です。

　また、それぞれのセンテンスに飛躍がないように、うまく情報を並べて、接続詞や指示語などで論理関係をつなげていきます。センテンス構造の詳細については Chapter 6 で解説します。

それぞれのセンテンスに異なる役割を与える。

　このように設問をしっかりと分析して、解答の型を作ったら**1設問の理解**は終了です。確認したら先に進みましょう。

3. 資料の読解

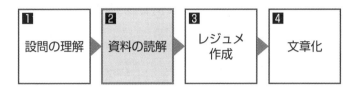

次に、**2資料の読解**です。資料を正確に速く読解するには、**意識をコントロール**することが重要です。正しく意識を働かせれば、読解のパフォーマンスは劇的に上がります。まずは、読む前に確認してほしい3つのマインドセット（心構え）をご紹介します。

読解では、意識をコントロールする。

■ 好奇心を働かせる

第一のマインドセットは、**好奇心を働かせる**ことです。皆さんは文章を読む際に「うわっ、難しいな」とか「わからないな」と思っていないでしょうか？

養老孟司が『バカの壁』という本で述べたように、人間の脳は「楽しいもの」しか吸収しません。ネガティブな感情を抱いてしまうと、脳は強烈な拒絶反応を起こします。あなたが文章を読めないのは、あなたが「嫌だ」と思い込んでいるからなのです。

それではどうしたらいいか。簡単な方法があります。今後あなたが「難しい」と感じたら、「オモロイ、オモロイ」と思い込んで、脳に「ある種の勘違い」を起こさせましょう*。教育学の実証的な研究によると、人間の脳は「面白い」と思い込むだけで理解力などのパフォーマンスが飛躍的に上がります。

---

* あなたが好きなアイドルやスポーツ選手の名前や特徴などを簡単に暗記できるのと同様に、人間は「好き」とか「面白い」という感情があれば、脳が多くの情報を吸収できるようになります。

　私は、**小論文における最高の才能は好奇心**だと考えています。好奇心さえあれば、文章はスラスラと読めるようになり、知識も身に付いていきます。だからこそ、読解をする前には**好奇心をしっかりと奮い立たせる**作業が重要です。

小論文で最高の才能は、好奇心。

■ 読むスピードを落とす

　第二のマインドセットは、**読むスピードを落とす**ことです。皆さんが他人の話を聞くとき、相手が早口すぎて理解できないことがあると思います。同様に、テキストを読む際にも**目線**を動かすのが速すぎると、理解できなくなるのです。あえてゆっくり読むという心構えが重要です。

　受験生の多くは、試験会場で焦り、読むスピードを上げようとします。しかし速すぎて理解できないので、自分が重要だと思った箇所、つまり**お気に入りの箇所**だけを繰り返し読んで独自解釈を作り上げます。

　文章を正確に読むには、前から丁寧に読む方法以外にありません。部分的に、ゲームセンターの UFO キャッチャーでつかみとるように文章を見るのではなく、前から丁寧に読みましょう。あらゆる文章は、読者が前から読めば理解できるように構成されます。まずは読むスピードを落として、NHK のアナウンサーが原稿を読む標準的なスピードである、1分 **300字**程度で読みましょう。

　その際に良い矯正トレーニングがあります。テキストをペンで**なぞりながら黙読**してください。ペンでなぞればきっちり視線管理できるので、あとは心の中で声に出して丁寧に読みます。その感覚を身に付けるのです。

1分 300 字程度のスピードで黙読する。

■ テキストを記憶する

第三のマインドセットは、**テキストを記憶**することです。読解が苦手な学生は、テキストを記憶する意識が弱すぎます。それでは絶対に読めません。文章全体の流れを「記憶」して読む感覚を身に付けます。もちろんすべては記憶できませんが、本文の順番通りに記憶しようと努めてください。

これもおすすめの矯正トレーニングがあります。文章を絶対に読み返さず、一度きりで読むトレーニングをします。たった一度読んだだけで、すべてを理解し、流れを記憶しきる。これぞ、**一度きり読解**です。

私たちは友達と話すときやテレビを見るとき、一度きりで話し言葉を理解します。同様のことを、書き言葉でもやるだけです。スピードが適切であれば、決して難しくはありません。無理だと思い込まずに、「やれる、やれる」と思ってトレーニングしましょう。なお、現代文が苦手な人は黙読ではなく、最初は音読をおすすめします。

「一度きり読解」で、テキストの要旨を記憶する。

以上3つのマインドセットをご紹介しました。これらを実践すれば、驚くほど効果が出るのでぜひやってください。読解では**センテンスやパラグラフの構造分析**も重要ですが、この点については Chapter 6 ～ 7 でお話しします。

2資料の読解は課題文を見ることなく、内容を説明できれば終了です。

4. レジュメ作成

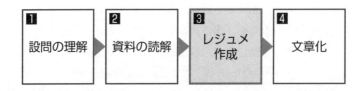

　次は、**3レジュメ作成**です。いきなり文章を書くと、内容が薄く冗長になります。そこで、先に**レジュメ**（文章化をするうえでの設計図）を作成するのです。論文の作成プロセスで最も時間がかかるのはここです。**3レジュメ作成**には、試験時間の半分以上を費やすイメージを持ってください。

　優れたレジュメが完成すれば、文章化は超余裕です。ただし、優れたものを作るために試行錯誤が必要になります。その作業を可視化してみましょう。

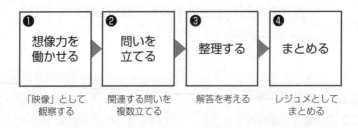

レジュメを完成させてから、文章化する。

■ 「映像」として観察する

　小論文には想像力が必要です。皆さんが現象を観察・分析する際には、人間や社会の在り方をできるだけ具体的に想像する必要があります。現実に即さない議論を展開しても、それは空理空論に過ぎません。今回は想像力を羽ばたかせる、素晴らしい方法をご紹介します。

まずは「映像」として観察する技術です。皆さんが課題文を読み終わったら想像力を働かせ、あたかも「映像」を見るように視覚的に観察してください。実際に、「映像」として「目で見ようとする感覚」が何よりも重要です。これができないと、あっという間に思考停止します。

慶應義塾大学環境情報学部で大学のキャンパスを扱った課題が出題されたことがあります。この場合、実際にキャンパスに降り立ち歩くイメージを持つ。道を歩き階段を上り、扉を開ける「映像」を想像するのです。ゲームが好きな人は一人称視点の画面を想像するとよいでしょう。

もちろん、学問系統によって求められる想像力は大きく異なります。法律学であれば、被害者・加害者それぞれの**権利や義務**という視点。政治学では、関係する**アクターの相互作用***。環境情報学のテーマでは、身の回りの物を**擬人化**して、その視点からものを眺める問題もあります（たとえば、あなたのペンに意識があるならば、そのペンはどんな気持ちか考えてみます）。このように、想像力を働かせることが観察・分析のスタートです。

想像力を働かせて「映像」として観察する。

■ 関連する問いを立てる

次に、議論を組み立てるための重要な技術をご紹介します。そもそも小論文は、すぐに解答を提示できる科目ではありません。想像力を働かせて観察・分析して、少しずつ解答に近づきます。ポイントは、どうやって本質的な議論にたどりつくかです。

関連する問いを立てるという技術を使います。設問に関連する「新たな問い」を自分で立てるのです。複数の問いを立て自分で解答を提示する中で、徐々に本質的な議論に接近します。

たとえば「自己責任論」がテーマだったら、「なぜ、機会の平等がな

---

* アクター … （行為）主体。政府、地方自治体、企業、地域住民など。

いといえるのか？」「結果の平等はどのぐらい必要なのか？」などと、問いを次々に考え出してください。

　もしくは、「『タイパ』を重視するのは良いことか」という問いだったら、「『タイパ』重視で得られるものは何か？」「『タイパ』重視で失われるものは何か？」「なぜ、若者は『タイパ』重視なのか？」「『タイパ』重視に他の例はあるか？」といった問いを次々立てます。

　その際には<u>5W1H（いつ、どこで、誰が、何を、なぜ、どのように）</u>を使います。最も重要なのは「なぜ？（why）」と「前提を疑う問い」です。ちょっと答えるのが難しく、意外な視点を含むものが鋭い問いです。鋭い問いを立てられるようになれば、論証は楽しくなります。

　問い立てでは「当たり前をあえて疑う」、そんな批判的精神も重要です。これは社会人になってもすごく役立つ技術なので、たっぷりトレーニングしてください。設問を解くうえでの優先順位もよく考えてください。

関連する問いを立てて、本質に到達する。

■ why を3回重ねる

　最後に、もう1つの技術をご紹介します。近年、大学入試や高校の授業で「**探究**」が注目されています。

　探究学習では、優れた問いを立てることが極めて重要です。こちらも<u>why を3回重ねる</u>という優れた方法がありますのでご紹介します。

　たとえば、授業に遅刻した学生がいるとします。

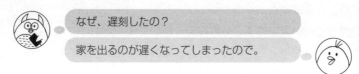

なぜ、遅刻したの？

家を出るのが遅くなってしまったので。

　これは、根本的な原因ではないですよね。したがって、再度 why を重ねていきます。

なぜ、家を出るのが遅くなったの？

寝るのが遅くなってしまったので。

もう少し詰めてみましょう。

 なぜ、寝るのが遅くなってしまったの？

夜遅くまで『名探偵コナン』を読んでたんです……。

さらに詰めてみます。

 なぜ、夜遅くまで『名探偵コナン』を読むことになったの？

勉強を始めようと机の周りを整理していたらコナンの43巻が出てきて、読み始めたらついつい、そのまま45巻まで読んでしまったんです……。

 まずは部屋を整理して、受験勉強に必要ないものは片付けようかね。

　何らかの理由を考えるとき、1回の問いでは表面的な解答になることがよくあります。そんなときに、しつこく why を重ねると本質にたどりつけます。ある程度の「しつこさ」が決定的に重要です（ただし、日常生活でこれをやると人間関係が悪化するリスクもあります）。これは原因構造*を考えるうえでの基本的な手法で、戦略系のコンサルティング会社などでもよく利用されています。

　　　　原因構造を考える際には、why を3回重ねてみる。

----

* 一見、因果関係が成立しているように見えて、実際にはそうではない、疑似相関などにも気をつける必要があります。

　これらの技術を駆使して、できるだけ多くの問いを立て、本質を導き出します。あとは、議論をうまく整理して、「センテンスを入れる箱」に情報を埋めていけば、優れたレジュメの完成です。

　観察・分析の技術はこれ以外にもたくさんあるので、楽しみにしてください。レジュメ作成は、「どのように議論を展開すれば他者を説得できるか」を考える工程でもあります。楽しくエキサイティングな作業です。

5. 文章化

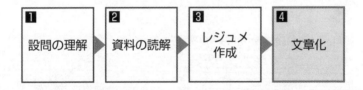

　そして最後に**4文章化**です。レジュメをもとに制限時間内に答案を書き上げます。その際には豊富な語彙力や文章構成力が求められます。普段から語彙力の増強など、トレーニングを続けましょう。文章力は一生ものの財産です。こちらについては、Chapter 10 で「写経」という優れた方法をご紹介します。

　受験生の答案の多くは繰り返しや冗長な表現が多く、大学教員にとっては読むに堪えません。薄い内容で満足するのではなく、適切な語彙を用いてより正確に、かつより具体的に内容を表現しようと努めてください。大学教員が読むに値する**アカデミックな文章**を書くのが目標です。

　大学での研究を意識したアカデミックな文章を書く。

Chapter 3

いのちより大切なもの

まずは最初の課題です。論文作成のプロセス
を実際の問題に当てはめてみます。入試頻出
のアイデンティティ論の中でも、最もエレガ
ントな問題に取り組みます。

いのちより大切なもの

　皆さんに最初に取り組んでもらう課題は、制限時間60分、制限字数400字です。制限時間を超えてもよいので、徹底的に考えましょう。

　星野富弘さんの書いた詩の一節に「いのちが大切だと思っていたころ、生きるのが苦しかった。いのちより大切なものがあると知った日、生きているのが嬉しかった」というものがあります。あなたは「いのちより大切なもの」があると思いますか。

（慶應義塾大学文学部　自主応募制による推薦入学者選考）

✎ 1. 添削ラボ　いのちより大切なもの

　ここからは、答案を完成させてから読んでください。

　まずは、高校生が書いた2つの答案例を評価します。優れた答案かもしれませんし、そうではないかもしれません。答案例の下に示してあるポイントについてもよく考えて、理解を深める材料にしてください。

答案例（1）

私は「命より大切なもの」はないと考える。なぜなら、様々な視点から考えてみたが、最終的に命が最も大切である、という考えにたどり着くからだ。中には、命があっても人の心がなくては生きていると言い難いのではないか、お金が無くては生きてはいけないのではないか、時間の方が大切なのではないかなど、命よりも大切なものが他にあるのではないか、と考える人もいるであろう。しかし、人の命というのは、約80億もの人がいるこの広い世界の中から、偶然巡り会った二人の間から、時間をかけて奇跡的に誕生した、他の何ものにもかえ難い、世界の中でたった一つの、最も価値があるものではないかと考える。運命的に巡り会った二人の命も、同じ様に偶然巡り会った二人の間から誕生しており、命は奇跡の連続なのである。はかない命を、最も大切にすべきではないだろうか。以上のことより、私は「命より大切なもの」はないと考える。

POINT

□「いのちより大切なものはない」と考えることは妥当か？

□ たとえ「いのちが大切」だとしても、「いのちより大切なものはない」といえないのでは？

□ 星野さんは「いのちは大切ではない」と考えているのだろうか？

答案例（2）

私は「いのちより大切なもの」はあると考える。それは人とのつながりである。たしかにいのちが無ければ、人と会話し触れ合い、つながり合うことは不可能ではないか、という意見もあるだろう。論理的に考えればその通りであるように思え、いのちこそが人を生かしていると考えてしまうかもしれない。しかし、「いのちより大切なもの」などなく、自分の命が一番大事であるとすれば、なぜ自殺者の数はなかなか減らないのだろう。本当にいのちが大切であるならば自ら死を選ぶ人など存在しないはずだ。それでも、人は誰かに裏切られた時、傷つけられた時、理由は様々であるが自ら命を絶ってしまうことがある。その事実こそが、我々が無意識に人とのつながりは自分の命以上に大切だ、と考えていることを示している。人は他人の言葉や言動に感情を動かされることがあって初めて、生きていると言えるのだ。よって私は「いのちより大切なもの」はあると考える。

POINT

□「いのちより大切なもの」として「人とのつながり」を挙げているが、その説明は十分だろうか？

□「人とのつながりが重要」との主張を裏付けるものが一般論になっているが、哲学や文学など具体的な事柄を使って論証できないだろうか？

2. 設問の理解

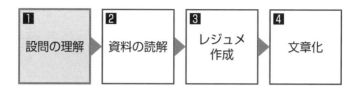

星野富弘さんの書いた詩の一節に「いのちが大切だと思っていたころ、生きるのが苦しかった。いのちより大切なものがあると知った日、生きているのが嬉しかった」というものがあります。あなたは「いのちより大切なもの」があると思いますか。

■ 解答の型を作る

❶設問の理解に入ります。最初の作業として、制限字数から「解答の型」を作ってみましょう。今回の問題は制限字数400字なので、7つの「センテンスを入れる箱」を作ります。7つの箱には「解答と論拠」と、それ以外に何を入れるかを考えます。

> NOTE
>
> 【センテンスを入れる箱】
>
> 1.
> 2.
> 3.
> 4.
> 5.
> 6.
> 7.

さて、ここで、次のような解答例について考えてみましょう。

| い | の | ち | よ | り | 大 | 切 | な | も | の | は | あ | る | 。 | し | か | し | そ | れ | が |
| 何 | か | は | わ | か | ら | な | い | 。 |

いのちより大切なものは本当にあるのか？→検証できない

　今回の課題では「いのちより大切なもの」はあるかが問われているので、解答はyesかnoで答えます。この解答例はyesですが、「大切なもの」が何かは示していませんね。

　結論から言えば、「大切なもの」が何かは**絶対に示さなければなりません**。それはなぜか？　「いのちより大切なもの」が何かを示さなければ、実際にそれが本当かを検証できないからです。あらゆる証明は、**他人が検証できることが条件**です。これはとても重要です。

　小論文では客観性が何よりも重要です。個人的かつ主観的意見ではなく、あらゆる人にとって共通する、普遍的な解答を書きます。あなたの答案を読んで、他の人が「本当かな？」と疑うのは当然です。その際に備えて、書き手は客観的な証拠を示し、他の人が検証できるようにする責任があります。

　　　論文では、他人が検証できるように証拠を示す責任がある。

■ 答案に必要な要素を考える

　さて、今回の答案でもう１つ書くべきものがあります。それは星野さんの詩に対する、あなたの解釈です。詩を読んでもその内容に言及しなければ、実質的に星野さんを無視して議論を進めるのと同じです。７つの箱で「星野さんの詩は、○○という意味である」などと明確に示してください。

　　　　　　　筆者の議論を無視せず、
　　「課題文の内容をどのように解釈したか」を必ず示す。

■ 関連する問いを立てる

　ここで、関連する問いを立てます。この作業は**3レジュメ作成**に限定されるわけではなく、**1設問の理解**のプロセスでも重要です。複数の問いを立てて、優先順位の高いものを判断します。関連する問いを立てるときは、<u>５Ｗ１Ｈ</u>を使えば簡単です。

　「星野さんの詩の内容は？」「いのちより大切なものはあるのか？　あるとすれば具体的に何か？」「なぜ、この問題が出題されたか？」これら複数の問いを立てていけば、論証の方向性が徐々に見えてきます。

　まずは星野さんの詩の内容が重要です。詩の解釈が正しくなければ、「いのちより大切なもの」の解答も引き出せないはずです。今回の出題意図は文学部的価値観とのつながりが深いのですが、その点は後で触れます。先ほど立てた関連する問いに答えようと思って、先に進みます。

　今回の課題は簡単なので特に難しくありませんが、**1設問の理解**では設問をしっかりと記憶することも重要です。

NOTE
・星野さんの詩の内容は？
・いのちより大切なものはあるのか？
→あるとすれば具体的に何か？
・なぜ、この問題が出題されたか？

3. 資料の読解

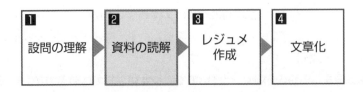

それでは、**2資料の読解**です。星野さんの詩を読んでいきます。

いのちが大切だと思っていたころ、生きるのが苦しかった。

いのちより大切なものがあると知った日、生きているのが嬉し

かった。

　2つのセンテンスを比較します。具体的に内容を検討すると、第一文の「生きるのが苦しかった」と第二文の「生きているのが嬉しかった」が対比になっているのは明らかですね。この詩では、第一文と第二文が**対比関係**です。「しかし」という接続詞を入れるとわかりやすくなります。

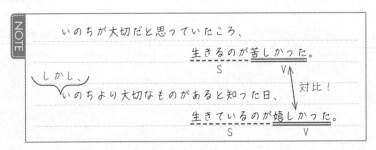

　この問題では、多くの高校生が「いのちの大切さ」を語ろうとします。たしかに「いのちより大切なものはあるか」が聞かれているので、そう答えたくなるのはわかります。この問題を解くうえで、星野さんが「いのちの大切さ」をどう考えているかは重要なポイントです。ここから星野さんの詩を丁寧に読んでいきましょう。

皆さんはもしかすると、「いのちが大切」の反対は「いのちは大切ではない」なので、星野さんが「いのちは大切ではない」と主張していると思うかもしれません。

■ 解釈のポイント

ここで「いのちより」という言葉に注目します。「より」は比較を表します。ここでいのちが何かと比較されていることがわかります。しかしそのままだと少しわかりにくいので、はっきりと対比関係を示すために「いのちが大切だと思っていたころ」という部分に「最も」という副詞を補いましょう。これで対比関係がより明確に確認できます。

ここで、設問の「いのちより大切なもの」と重ね合わせて考えてみましょう。いのちが最も大切だと感じていたころは、いのちの意味を感じられず苦しかった。しかし、いのちよりも大切なものがあると知った日、そこで初めて「生きている」ことが「嬉しい」と実感できた。つまり、この詩は「いのちよりも大切なもの」によって、いのちの価値が高まるとの内容になっています。

> NOTE
>
> いのちが大切だと思っていたころ、生きるのが苦しかった。（最も）
> いのちより大切なものがあると知った日、生きているのが
> 嬉しかった。
> ＝いのちより大切なものがあると知って、
> 　いのちの価値を強く感じた

したがって、この設問は単純にいのちの大切さを書けばいいのではなく、星野さんの詩の「いのちよりも大切なもの」によっていのちの価値が高まるという見解を基礎に、論じる必要があるのです。星野さんはいのちの大切さを全く否定していないことは明らかですので、その点に留

意しなければ、設問に正しく答えたことにはなりません。

　この詩の作者、星野富弘さんは元々中学校教師でした。部活動指導中の事故で頚髄を損傷し、手足の自由を失ってしまいます。人生に絶望しながらも、その後、口に筆をくわえてエッセイや絵の創作活動を始めます。この詩は彼の体験を色濃く反映しています。

　星野さんはいのちより大切なもの（創作活動）に出会って、いのちの価値を強く感じたと言います。この詩を読むと、自分にとっていのちよりも大切なものは何かを考えさせられます。

> ・星野さんの詩の内容は？
>
> 　　いのちより大切なものがいのちの価値を高める
>
> ・いのちより大切なものはあるのか？　　ある
>
> 　→あるとすれば具体的に何か？

■ 設問が求めていることは何か

　星野さんの詩は「いのちの大切さ」を語る内容であり、決して「いのちは大切ではない」などという内容ではありません。したがって、皆さんが詩の内容を十分に理解していれば、**「いのちは大切だ」というスローガンを繰り返す論文は絶対に書かない**はずです。この問題で「いのちは大切である」ことは前提なのです。

　「いのちは大切だ」「平和は重要だ」その通りでしょう。しかし小論文では、世間で一般的なスローガン*の真偽すらも疑う**批判的精神**が重要です。「いのちは大切」だと教えられてきたが、本当にいのちは最も大切なのか？　いのちよりも大切なものはないのか？　もしかすると、場合によるのではないか？　じっくり考えることが求められます。

　　　小論文では、一般的なスローガンの真偽すらも疑う。

■ **確証バイアス**

　皆さんは今回の答案を作成する際に、**確証バイアス**が働かなかったですか？　人間はいったん仮説を立てると、自分が正しいと思う情報しか認知できなくなります。「いのちより大切なもの」は「ある」もしくは「ない」と思い込んでしまうと、思考停止するのです。思い込みは仮説に過ぎないので、自分を疑い客観的に検証する姿勢が重要です。

　もし、いのちが最も大切ならば、私たちは人生の最後に「最も大切なもの」＝いのちを失うことになります。そうならば、私たちの人生とは何なのでしょうか？　そこに意味はあるのでしょうか？　そんなことを本気で考えるのです。あなたの生き方や価値観が問われます。

小論文では、生き方や価値観が問われる。

4. レジュメ作成

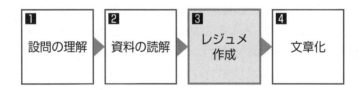

　次は **3** レジュメ作成です。先ほど作った「**センテンスを入れる箱**」に、解答や論拠、星野さんの詩の説明を入れていく必要があります。

■ **言葉の意味合いの広さ**

　星野さんの詩から「いのちより大切なもの」の重要性がわかりました。ここからは、それが何かを考えます。重要な問いですね。

　一般的な学生は、「生きがい」などを解答として挙げます。たしかに

＊ スローガン … 集団の主張や目標を強く印象づけるために、効果的に要約した文章。「火の用心」「交通事故に注意」など、全員に共通のメッセージを伝えるもの。

　生きがいは重要そうですが、この言葉には広い意味合いがあるので注意です。仕事が生きがいの人もいれば、家族が生きがいの人もいる。解答は曖昧にせず、明確に**絞る**ことが重要です。

■ 分析の技術

　ここからより優れた観察・分析を行うために、**学問的センス**を使います。論証での必殺技と言ってもいいかもしれません。

　今回は文学部の課題ですので、**文学部的な発想**を使います。文学部では、人間・社会・言語などの本質が鋭く問われ、他者への共感がとりわけ強く重要視されます。文学部の「文」とは「言葉」のことです。まずは人間と言葉との関係から、「いのちより大切なもの」を捉えなおします。

　人間は言葉を使用する動物です。**言葉によって抽象的な概念を扱い、他者と高度なコミュニケーションを図れます**。重要な知識や素晴らしい物語を、時間や空間を超えて伝えることもできます。人間にとって言葉は最大の武器です。しかし、この最大の武器が人間を苦しめることもあります。

　人間は意味を求めます。皆さんも「なぜ自分は生きているのか？」「なぜ勉強するのか？」などと考えることがあるでしょう。アイデンティティは人間にとって決定的に重要です。自分が生きている意味。自分が働く意味。**人間はそんな意味が感じられないとひどく不安に陥り、自らいのちを絶つこともあります。**

　どうやってアイデンティティを確立するのか。多くの知識人が様々な議論を重ねました。アイデンティティを確立するうえでは、自分とは異なる他者の存在が重要である。**レイン**や**サルトル**などのこのような議論
→p.239　　→p.238
は入試でも繰り返し出題されています。他者からの承認は人間にとって「いのちより大切なもの」かもしれません。

　それ以外にも、人間存在にとって宗教や理性などが決定的に重要だとする見方もあります。人間は「なすべきことをしている」という実感を求めます。われわれが神に見守られていると認識すること、あるいは「人間として正しいことをしている」と感じるのは重要なことです。それは、

ある意味で「いのちより大切なもの」といえるかもしれません。入試ではカントの『実践理性批判』やキルケゴールなどの実存主義＊もよく出
題されます。

　このように文学部で学習する内容を先取りし、それを知識として観察・分析の手掛かりにするのです。

・いのちより大切なものはあるのか？　ある
　→あるとすれば具体的に何か？
　　　他者の存在（レイン）、理性、倫理や道徳（カント）
・なぜ、この問題が出題されたか？
　　　文学部のアイデンティティ論

観察・分析では、学問的なセンスを活用する。

■ 議論を組み立てる

　ここから議論をうまく構成して、7つの「センテンスを入れる箱」に異なる役割を与えます。第一文で、星野さんの詩をまとめて、その後、第三文あたりから具体的に「いのちより大切なもの」を提示します。

　先ほど立てた、複数の関連する問いをうまく整理して、7つの箱に割り振っていきます。根拠を示すだけでなく、なぜその根拠が正しいのかについても批判的精神を働かせます。反論に対する反論まで想定しないと、良い論文は書けません。

　また、センテンスを並べる際には、対比や因果などの論理関係にも十分に気を配ってください。詳しくは Chapter 6 で説明します。

＊ 実存主義 … 20世紀初めの欧州で隆盛を極めた思想。人間の本質はあらかじめ決められておらず、自らがその意味を生み出すものだとした。サルトルの「実存は本質に先立つ」なども有名。

いのちより大切なもの

【センテンスを入れる箱】

1. 星野さんの詩は、人間は「いのちよりも大切なもの」を
　知ることによって、いのちの価値をより理解する、
　という意味だ。

2.

3. 私にとって、いのちより大切なものは、〇〇である。

4.

5.

6.

7.

■ レジュメの例

　次に、実際に高校生が書いたレジュメの例を挙げます。実際の答案も
優秀論文としてこの後に掲載しますので、ぜひ比較してください。セン
テンスの数は 400 字で 7 文程度ですが、あくまで目安です。自分で論
じやすいように調整します。重要なのはそれぞれのセンテンスに異なる
役割を与えること。最初は難しいですが、徐々に自分で作れるようになっ
ていきます。

【レジュメ】優秀論文 A

1. 詩 ＝ 命より大切なものによって命の価値を理解

2. ［内容説明］

3. ［解答］大切なもの＝他者の存在

4. ［前提］アイデンティティの定義（レイン）

5. 　　　他者と自己の補完性の説明

6. ［まとめ］

NOTE 【レジュメ】優秀論文 B

1. 詩 ＝ 命より大切なものによって命の価値を理解

2. 　　　職人、家族

3. ［補足］生きがいの重要性

4. ［解答］大切なもの＝なすべきことをなす実感

5. ［前提］人間と理性

6. ［具体的事柄］カント

5. 文章化

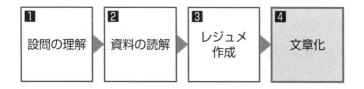

　最後は**4文章化**です。ここまで読んだら、最初の 2 つの答案例を読みなおしてみてください。解説の内容を踏まえれば、どこら辺に問題があったのかはわかると思います。新たな発見があるはずです。

　そのうえで、次ページからの高校生が書いた優秀論文を読みます。これらはまだまだ不完全な部分もありますが、参考になると思います。ただし、優秀論文はあくまで学習を進めるうえでの材料です。自分で徹底的に調べ考えたものだけがあなたの実力になります。小論文で最も重要なのは、そのような**「探究」**の姿勢です。

小論文の上達には「探究」の姿勢がカギ。

✏️ 6. 添削ラボ　優秀論文・いのちより大切なもの

優秀論文A

星野富弘氏の詩は、いのちより大切なものの存在に気付くことで、生きる価値や喜びを見出せるという意味である。いのちそのものが大切であることはもちろん、いのちより大切なものがあってこそ人はより良い生を実現できるのである。人間にとって他者の存在は、生きる意義を与えてくれる点でいのちよりも大切なものである。ロナルド・レインは『自己と他者』において、他者の中で自分が重要な役割を占めているという実感がアイデンティティを形成する、と説いた。我々は、社会の中で役割を持ち、それが自他ともに認められることによって、初めて自身を客観的に捉え、その価値を肯定できる。さらに、そのような実感をもとに他者と積極的に関わり、利他的に行動することにより、自分の存在意義をますます高められるのだ。このように、自己の存在証明は他者によって作られ、補強される点において、私にとって他者とはいのちよりも大切なものである。

「いのちより大切なもの」を他者の存在と位置付け、レインの『自己と他者』を例に挙げて論じています。全体的にはよく書けていますが、なぜ「いのちより大切」といえるのかの説明は若干不足しています。アイデンティティを喪失することの苦しさに言及すべきです。最終文は単純な繰り返しです。

星野氏が言うように、人間はいのちより大切なものの存在によって、はじめて、自ら生きる意味を強く認識できる。画家や小説家は自分の作品に命を懸け、あるいは、自分が愛する人や大切な家族のために、日々の困難に耐える人々もいる。そのような生きがいが我々の人生を豊かにする。私にとって、いのちより大切なものは、なすべきことをなす実感である。人間は理性を持つ動物であり、自分の理性に従っているという実感は、我々に強い幸福感を与える。カントは『実践理性批判』で「いかに感嘆しても感嘆しきれぬものは、天上の星の輝きと、わが心の内なる道徳律である」と述べた。我々が過去を振り返り、自分の行動を強く恥じいることもあれば、ソクラテスの死のように、他人から見れば損だと思われたとしても、自分の選択や生命に誇りを持てることもありえる。生命に限りがある中で、どのように生きるかは自分の存在をも規定する。

「いのちより大切なもの」の例を複数挙げ、その中で「なすべきことをなす実感」が重要だと論じています。「ソクラテスの死」やカントの引用など、具体的に記述しようとの意欲が感じられます。

奇跡の合格はたくさんある

　今回は、私の印象に残っている**「奇跡の合格とその後」**をご紹介します。W君はいつもシルバーのネックレスをジャラジャラつけて、全身黒いジャージの大変目立つ学生でした。話を聞くと、彼は高校を2回退学になったそうです。バイト先の先輩が「お前の人生それでいいのか」と言ったのをきっかけに受講を決めたとのこと。当初は国語力に大きな問題がありましたが、それから数カ月後、慶應環境情報学部に合格して、人生を変えました。

　品川の女子高に通っていたKさんは不登校が続き、高校でも落ちこぼれ。しかし、一念発起して勉強に取り組み、英語の偏差値40台からスタートして慶應文学部に合格しました。大学では学園祭の中心メンバーとして、留年ぎりぎりの生活を続け、IT系の企業に就職。その後、彼女は突然イギリスのオックスフォード大学に留学することを決意し、大学院修了後は教育に関する専門性を身に付け、UNESCO（国連教育科学文化機関）の職員としてパリで活躍しています。

　ある中堅の公立高校出身だったM君。慶應SFC志望でしたが英語が苦手。秋から受験科目を絞って猛烈に勉強し、なんとか環境情報学部に合格しました。その高校では史上初の慶應合格だったそうです。その後彼は在学中にIT系の企業を立ち上げた後、IT最大手のG社に転職。シンガポール支社でマネージャーとして働くまでになりました。

　この他にも卒業生には、発展途上国の地雷撤去やフードロスなどの問題に取り組む社会起業家もいれば、弁護士、外交官、商社マン、歌手、芸術家、国際的に活躍するアナウンサー、YouTuberもいます。あるいは、仕事を辞めて、子育てに取り組む人もいます。なお、本書のイラストは卒業生で担任助手だった中村萌子さん（旧姓・片山）に書いていただきました。

　彼らは、一人の社会人として、一人の人間として、それぞれ学びを生かしています。そして、彼らに続くのは、あなたです。**着実に積み上げれば、誰でも奇跡は起こせます**。0から1を積み上げ、学ぶ力で人生を豊かにしましょう。

Chapter 4

集団の中で独りでいること

「小論文の予習のやり方」の解説からスタート
して、問題を解くうえで重要な「キーワード
の分析方法」を徹底的に解説します。

Chapter 4

集団の中で独りでいること

1. 小論文の予習

　「小論文の予習をどのようにすればいいか？」これは意外に難しい問題です。小論文の学習を始めたばかりの頃は、集中力が長持ちせず、問題を解くだけで一苦労だと思います。さらに、他の科目と異なり、明確に自分の得点が把握できないため、自分の能力がどのように伸びるかイメージが持てない方も多いと思います。今回は、小論文の予習を二段階に分けて説明します。

■ 小論文の予習①

　小論文では、まず何よりも**制限時間内に作品を完成させる**ことに慣れるのが重要です。本番と同じ状況を作り、たとえうまくいかなくても１つの作品を完成させます。課題文の意味がわからない。知識が足りない。あるいは、体調が悪い。周囲の環境がうるさい。色々な理由をつけて、途中で諦めたくなります。完璧主義者の方は答案の不完全さが気になり、最後まで仕上げられないと感じるはずです。それでもしっかり踏ん張って、最後まで書き切ります。これが第一段階の予習です。

　実際に問題を解かなければ、タイムマネジメントの感覚は身に付きません。**1**設問の理解、**2**資料の読解、**3**レジュメ作成、**4**文章化。実際にやるとうまくいかないと思います。しかしむしろ重要なのは、失敗の経験を積むことです。失敗は財産だと思って、第一段階の予習では<u>うまくいかない状況</u>を経験しましょう。

　そのような予習を実践すると、徐々に**集中力**がつきます。特に入試直前は、静かな自分の部屋や自習室ではなく、カフェや図書館など、やや**騒々しい環境**でのトレーニングをおすすめします。静かな環境に慣れていると、本番、周りの学生の咳やくしゃみなど、ちょっとした音や動き

が気になる恐れがあるからです。なお、最近は答案を作成する際にパソコンを使う人がいますが、絶対にやめてください。

予習の第一段階では、入試本番と同じ条件で「うまくいかない状況」を経験する。

■ 小論文の予習②

　さて、第一段階の予習が終わったら、日を変えて第二段階に移ります。第二段階では**徹底的に質を追求**することにこだわります。中途半端な小論文をたくさん書いても、技術は全く上がりません。徹底的に調べてこだわって**最高の作品**を書こうとする。その努力によって技術が飛躍的に高まります。

　制限時間を気にせず考え抜き、書籍や資料集、辞書、インターネットなども活用して調べます。設問の理解から丁寧に作業を進め、最高のレジュメを作ってから文章化します。文章の推敲(すいこう)にも時間をかけましょう。

　はじめのうちは数時間かかる*かもしれませんが、全く問題ありません。解説を読む前に、どれくらい課題と向き合えるか。そこが勝負になります。**じっくりと課題に向き合う姿勢**を育んでください。まさに、「探究」の姿勢こそが小論文の能力を向上させるのです。

予習の第二段階では、徹底的に答案と向き合って「探究」する。

---

* とりわけ観察・分析には時間をかけてください。難しいのは当たり前。その難しさを楽しむ。観察・分析を重ねていくと、「あっ」という気づきが得られます。その「あっ」という気づきを重ねていくことが重要なのです。

✒ 2. 添削ラボ　集団の中で独りでいること

　早速、課題に取り組みます。制限時間60分、制限字数400字です。二段階の予習を行いましょう。

次の文章を読んで、「集団の中で独りでいること」の積極的な意味について論じなさい。（320字以上400字以内）

　「現代の若者たちは、自分の対人レーダーがまちがいなく作動しているかどうか、つねに確認しあいながら人間関係を営んでいる。周囲の人間と衝突することは、彼らにとってきわめて異常な事態であり、相手から反感を買わないようにつねに心がけることが、学校での日々を生き抜く知恵として強く要求されている。その様子は、大人たちの目には人間関係が希薄化していると映るかもしれないが、見方を変えれば、かつてよりもはるかに高度で繊細な気くばりを伴った人間関係を営んでいるともいえる。」

（土井隆義『友だち地獄──「空気を読む」世代のサバイバル』）

（慶應義塾大学文学部　自主応募制による推薦入学者選考）

　今回も答案を仕上げてから、解説を読んでください。

　まずは高校生が書いた答案例を2つ読み、答案例の下のポイントを確認して、思考を深める手掛かりにします。

答案例（1）

集団の中で独りでいることの積極的な意味は、自己の思考がきちんと保てることだ。確かに、集団の中では、相手の反感を買わないように常に周りの顔色を伺って気を配り、自分の意見を秘め、時に多数派の方に意見を傾ける。しかし、独りでいるとそのような日々を生き抜く知恵は必要ない。周りから同調を求められることもなく、自己の思考を保つことが出来る。近年、新型コロナウイルスによって同調圧力が強まり、特に外出自粛について「みんなが我慢して外出を控えてるのだから同じようにしろ」という空気となり、相互監視が厳しくなり、これまで以上に息苦しい世の中になっている。このように、押し殺し、空気を読んで周りに合わせるのではなく、その場に応じた正しい自己の思考を持つことで、息詰まることなく暮らせる。また、自己の思考を保ち、同調圧力に屈しないことで性別や育児の役割も自由となり、現在問題となっている様々な問題が解決されるだろう。

POINT

□ そもそも「同調圧力に屈しないこと」がなぜ必要なのか？

□ 積極的意味はこれ以外にないのか？

□ 個人だけでなく集団にとって何らかの意味はないか？

答案例（2）

集団の中で独りでいることの積極的な意味は、常に自分の意志を持った人間になることだと考える。学校では集団で行動している人がほとんどだ。その人たちは、一人でいることを皮肉を込めて「ぼっち」と呼ぶこともある。「ぼっち」になるのが怖いから集団に所属しているのだと思う。集団の中では自分自身の意志だけで行動するのではなく、周りの賛同を得たうえで行動するため、「ぼっち」になるのを恐れている人々は常に周りが自分のことをどう思っているかを気にしながら生活していかなければならない。そのため誰かの意見に賛同するだけ、または周りの意見に流されてしまうことが多くなる。一方で独りでいるということはだれか決めてくれる人もいないのだから自分の意志をしっかりと持っていなければならない。人に流されずに自分の意志を持てることこそが集団の中で独りでいることの積極的な意味になる。

POINT

□ 課題文の内容について具体的言及がない。
□ そもそも「集団の中で独りでいること」とは具体的にどのような意味内容か？
□ いわゆる「ぼっち」になることは、本当に「集団の中で独りでいること」なのか？

3. 設問の理解

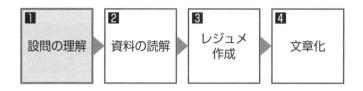

　まずは**1設問の理解**です。今回も400字の制限字数なので、7つの「セ
ンテンスを入れる箱」を作ります。7つの箱には解答と根拠を入れます。

■ 解答の型を作る

　今回は課題文をまとめる必要はなさそうですが、「集団の中で独り」
を定義する必要はありそうです。「集団の中で独りでいること」が重要
なキーワードになるのは間違いないでしょう。

　このようなキーワードは通常、課題文で定義されるのが一般的ですが、
今回は該当する表現がないので、より慎重な検討が必要です。早速、「『集
団の中で独り』でいる人とは誰なのか？」「『集団の中で独り』でいるこ
との『積極的な意味』とは何か？」という問いを立てます。

　対比構造は重要なカギになりそうです。「集団の中」という言葉は「集
団の外」と対比されます。また、「独り」も「みんな」と対比されます。
「積極的な意味」という表現も気になるところで、「消極的な意味」もあ
りえるはずです。

　「設問は神様」の原則に基づき、出題意図も考えましょう。「集団」と「個
人」がテーマですが、これは社会学の**近代批判***で頻繁に出題されます。
観察・分析では、近代の到来によって人間は本当に幸福になっているの
かという発想がカギになりそうです。このようにしながら、設問に関連
して最も優先順位が高いと思われる問いを絞り込んでいくのです。

＊ 近代批判 … 産業革命後に発生した近代的価値観を否定する見方。人間中心主義や個人
　主義、合理主義、大衆社会、大量生産・大量消費などを批判する。

> NOTE
> ・「集団の中で独り」でいる人とは誰なのか？
> 　（集団の「中」と「外」、「独り」と「みんな」に注意）
> ・「集団の中で独り」でいることの積極的な意味とは何か？
> 　→積極的意味と消極的意味とはそれぞれ何か？

対比構造を活用して、キーワードを分析する。

4. 資料の読解

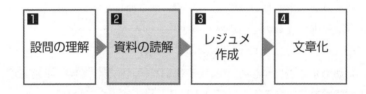

ここから **2資料の読解** に入ります。毎回マインドセットを確認し、癖をつけます。今回も好奇心を働かせて、ゆっくり読んで記憶します。

■ 具体的なイメージを思い浮かべる

　　現代の若者たちは、自分の対人レーダーがまちがいなく作動しているかどうか、つねに確認しあいながら人間関係を営んでいる。周囲の人間と衝突することは、彼らにとってきわめて異常な事態であり、相手から反感を買わないようにつねに心がけることが、学校での日々を生き抜く知恵として強く要求されている。その様子は、大人たちの目には人間関係が希薄化していると映るかもしれないが、見方を変えれば、かつてよりもはるかに高度で繊細な気くばりを伴った人間関係を営んでいるともいえる。

課題文自体は難しくありません。ここで想像力を働かせて、視覚的に「映像」を見ます。土井さんによると、現代の若者は対人レーダーを働かせているといいます。皆さんも高校のクラスや部活などで、周囲の人間と衝突しないように、反感を買わないように心を砕いているかもしれません。こうした具体的なイメージがあると、考えやすくなります。

イメージを膨らませたところで、「集団の中で独りでいる人とは誰なのか？」を考えます。この文章は**大人からの視点**の文章です。大人から見て、若者の内の誰かが「集団の中で独りでいる」状態と考えられます。

NOTE	集団の中で（若者の誰かが）独りでいる
	S　　　　　V

課題文では「対人レーダー」を働かせる若者が出てきますが、彼らが「集団の中で独り」なのでしょうか？　それとも、この言葉は別の若者のことを指摘しているのでしょうか？　よく考えてみましょう。

この問題は「集団の中で独り」でいる人を間違えば、不正解です。「なんとなくこんな気がする」という感覚だけでは危険です。自分の勘に頼らず、根拠にこだわります。形（構造）に注目して考えれば、あっさりと正確な内容にたどりつけるはずです。

ＳＶ関係を把握して必要なＳ（主語）を補う。あるいは対比関係を活用して、「消極的意味」と「積極的意味」をそれぞれ定義する。このように丁寧に作業すれば、キーワードの意味を確実に掴めます。

　　　　読解では、形（構造）に徹底的にこだわる。

■ 対比を使って分析する①

　さっそく対比を使って分析します。先に述べたように、この問題は「集団の中で」と「集団の外で」、「独りで」と「みんなで」という対比関係がポイントです。それぞれを具体的に定義します。「集団の中で独り」と「集団の外で独り」はどのように違うのでしょうか？

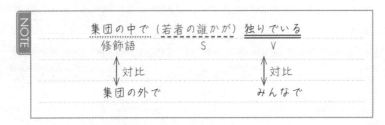

　ここで、想像力を働かせて視覚的に「映像」を見てみましょう。具体的なイメージが重要です。

　まず、集団の「中」や「外」という言葉は、**集団に対する所属と心理的な帰属意識**を表しそうです。われわれは友達や家族、部活など様々な集団に所属*しています。それは一人一人違いますよね。さらに、それぞれの集団に対しての心理的な帰属意識にも違いがあります。「同じ部活の一員だ」「同じ会社の仲間だ」こんな感覚は人によってかなり差があります。

　それでは、「『**集団の外にいる**』とはどんな意味か？」という問いを立てます。何らかの集団に所属しないか、所属していても心理的に距離がある。そんな状態でしょう。「集団の外」に出るには部活や会社を辞める、友人や家族と距離を取ることになりそうです。

　次に、「独り」という表現に着眼します。「独り」は「みんな」と対比されます。課題文では、「一人」ではなく「独り」という漢字が使用されていますね。おそらく人数として一人ではなく、集団から離れて独立心を持っている。そのような意味と推測されます。取りあえずここまでで少し理解が深まりました。

　続いて、それぞれのキーワードの「関係性」についても考えます。これも重要です。「**集団の『中』と『外』、『独り』と『みんな』は一般的**

にどんな関係になるか？」という問いを立てます。ここも視覚的に「映像」を見て、判断する必要があります。

そもそも、われわれが**「集団の中」にいれば「みんな」と一緒と考えるはず**です。逆に、「集団の外」にいれば「独り」と認識しそうです。これが一般的に考えられる語句の関係ですね。しかし、今回の課題では「集団の中で独り」という状態を考えます。

これは特殊な状態ですよね。「集団の中」にいながらも、なぜか「独り」であると認識している。批判的精神を働かせて、この矛盾に気づけたかが大きなポイントです。

・「集団の外にいる」とはどんな意味か？

　　集団に所属しない、帰属意識がない

・集団の「中」と「外」、「独り」と「みんな」は

　一般的にどんな関係になるか？

　　　集団の中＝みんなと　集団の外＝独りで

　　　→「集団の中で独り」は矛盾？

批判的精神を働かせて、矛盾に気づく。

■ 対比を使って分析する②

「集団の中で独りでいる人」とは誰なのか？　対人レーダーを働かせる人なのか、それとも他の誰かなのかを考えます。

ここで、対人レーダーを働かせる人について、関連する問いを立てます。**「なぜ、彼らは対人レーダーを働かせるのか？」「なぜ、他人と衝突を避けるのか？」「なぜ、彼らはそんなにも集団に気を使うのか？」** 疑問詞 why を使った分析です。

＊ 私の場合は、日本人、大阪生まれ、男性、予備校講師などのアイデンティティがありますが、いずれも集団への帰属を表しています。

4　集団の中で独りでいること

59

　これらの問いの解答を考えるうえで、先ほどの「中」と「外」、「独り」と「みんな」の議論を関連させます。想像力の発揮がとりわけ重要です。皆さんもここで結論を出しましょう。

　対人レーダーを働かせるのは、おそらく集団の中に「みんな」でいるためでしょう。集団の中で孤立しないように発言や行動に気をつけ、他人との衝突を避けている。たしかに「集団の中」にいるし、「みんな」といます。ここでついに、対人レーダーを働かせる人は「集団の中で独り」ではないと判断できました。

　そうならば、逆に「『集団の中で独り』とはどんな人か？」次はここがポイントです。皆さんもよく考えてください。

　「集団の中で独り」の人々は「集団の外」ではなく、あくまで「中」にいます。したがって、集団に所属し帰属意識はあるのでしょう。しかし、そこで対人レーダーを働かせて衝突を避け、発言や行動を控えるわけではないはずです。

　ということは、必要であれば、他人との衝突も恐れずに発言や行動すると考えられます。理由が何かはわかりません。自分のためか、他人のためか。しかし、そのような人が「集団の中で独り」の人だといえそうです。これが対比による分析の力です。

> **NOTE**
>
> ・なぜ、彼らは対人レーダーを働かせるのか？
> ・なぜ、他人と衝突を避けるのか？
> 　　集団の中でみんなといるため
> ・「集団の中でみんな」とはどんな人か？
> 　　集団に所属するために、対人レーダーを働かせる
> 　　他人と衝突しないようにする
> ・「集団の中で独り」とはどんな人か？
> 　　集団に所属しながらも、必要があれば衝突も恐れない
> 　　言うべきことを言い、すべきことをする

ということで、ここまでで、「集団の中で独りでいる」のが、誰なの
かわかりました。

NOTE	集団の中で	他人との衝突を恐れない人が	独りでいる
	修飾語	S	V

■ 漢字による意味の推測

今回の課題で、残念ながら「対人レーダーを働かせる人」を「集団の
中で独り」だと思ってしまった方も多いと思います。「独りで」と書か
れているので、寂しくて孤独を感じているはず。「ぼっち」＊といわれ
るような人が「集団の中で独りでいる」人なのではないか……。

なぜ間違えたのか？　それは漢字の推測に頼ったからです。たしかに、
「独り」には「孤独」など「精神的なよりどころがなく、寂しい」とい
う意味もありますが、「独立」など「束縛や支配されることなく、自分
の力で行動する」といった意味もあります。**漢字には複数のイメージが
ある場合も多い**ことを覚えておきましょう。

自分が間違った原因を分析すれば、大きな成長の糧になります。自分
の解答についても、批判的精神を発揮して疑う。その感覚が求められま
す。

漢字からの推測では、複数のイメージに注意する。

＊　近年、若者の間では、「ぼっち」という言葉が使われます。そのことをイメージした方も
　多いと思います。「これはきっと、『ぼっち』のことを言っているはずだ」と考えて、十
　分な根拠もなしに、思考停止しないようにしましょう。

5. レジュメ作成　言葉の意味を確定する

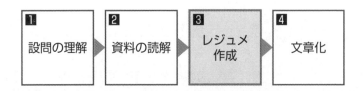

　ここから、**3レジュメ作成**です。「積極的な意味」について考えていきます。

■ キーワードの意味を捉える

　「積極的意味とは何か？」「消極的意味とは何か？」と問い立てします。「積極的」という表現は「消極的」と対比の関係です。複数のイメージがある点に注意が必要です。

　「積極的」という言葉には「物事を進んでするさま。肯定的であるさま」といった意味があります。他方、「消極的」という言葉は「自ら進んで物事に取り組まないさま。否定的であるさま」といった意味があります。この場合はどう考えればいいのでしょうか？

　単語の意味は他の単語との結びつきによって決まります。「積極的」や「消極的」が「行動」や「姿勢」といった単語と結びつく際には、「物事を進んでするさま」や「自ら進んで物事に取り組まないさま」といった意味になります。「積極的行動」「消極的姿勢」。たしかにそうですね。

　しかし、ここでは「積極的」と「消極的」は「意味」と結びつきます。「積極」と「消極」にはそもそも陽・陰、肯定・否定といった意味合いがあり、周囲の人々の評価について関連して、「肯定的」「否定的」と近い意味になります。したがって、「積極的意味」とは「（みんなが積極的に評価する）肯定的な意味」だとわかりました。逆に「消極的意味」とは「（みんなが消極的に評価する）否定的な意味」となります。

単語の意味は他の単語との結びつきによって決まる。

■ すべての争点は「場合による」

　ここで課題文に戻って、「集団の中で独り」＝集団の中で衝突を恐れずに発言・行動することの積極的意味と消極的意味を考えます。ここも対比を使って、消極的意味から考えましょう。**「『集団の中で独り』の消極的な意味は？」**と問い立てします。

　他者に配慮せず自分勝手に行動すれば、他の人から「わがままで迷惑」と感じられるかもしれません。そして、独りよがりな行動は「集団の輪を乱す」とも認識されるでしょう。

　「『集団の中で独り』はそのような消極的な意味しかないのか？」たしかに、集団に所属しながら言いたいことを言う。したいことをする。ある種の空気を読まない行為です。ただのわがままならば無視した方がいいかもしれません。

　しかしだからといって、そのような行動がすべて「個人のわがまま」で「集団の輪を乱す」とはいえないでしょう。それは明らかに、**「場合**

による」はずです。「『集団の中で独り』でいることは、どのような場合
に『積極的意味』をもたらすのか？」これは Chapter 2 で説明した極
めて重要なポイントです。

> **NOTE**
> ・「集団の中で独り」は消極的な意味しかないのか？
>   場合による
> ・「集団の中で独り」でいることはどんな場合に「積極的意味」
>   をもたらすか？

すべての争点は原則的に「場合による」。

■ 社会の価値観を疑う

　それはどんな「場合」なのか？　総力戦に向かった第二次世界大戦の
日本も、あるいはビッグモーター*など不正を犯した企業も、集団の中
で間違いを修正できませんでした。集団はしばしば間違いを起こします。
そのような状況では、「集団の中で独り」は「積極的な意味」を持ちそ
うです。

　以前、日本のバラエティー番組では「体重が重い」「身長が低い」「頭
髪が薄い」などの身体的特徴を揶揄し、あるいはタレントを熱湯風呂に
入れるなど、弱いものに暴力行為（パワハラ）を働いて笑いを取ってい
ました。ゲイを侮蔑するようなキャラクターが登場し、ＬＧＢＴＱに対
する差別も行われました。

　ハリウッド映画などでも「黒人は悪いことをする」「アジア人はずるい」
など、ステレオタイプなイメージが描かれました。しかし、その時代に
生きた多くの人々は、それらが問題だとは認識しなかったのです。

　これらに異を唱えることは、「集団の輪を乱す」愚かな行為だったの
でしょうか？　そうとは思えません。実際にそれらの価値観が変わっ
た背景には、「うざい」と言われながらも「集団の中で独り」でいた人、

活動家や社会起業家など、**戦った人の存在**があったはずです。そのような**「集団の中で独り」だった人の影響によって社会の価値観は変化し、われわれの認識も大きく変わった**のです。

■ 多様性の尊重

　もう1つの側面です。日本は集団意識の強い社会なので、集団で決められた暗黙のルールを順守することが強く求められます。「みんながやっているんだから、おまえもやるべきだ」という風潮が非常に強くあります。

　しかし、集団意識はしばしば**排他性**を生み、特定の人々を大いに苦しめます。「集団の意志に従うべきだ」という同調圧力がいじめやパワハラなど、近年のハラスメントを生む要因になっていることは否定できません。さらに、セクシュアリティや民族などが「ノーマルではない人」に対する、ヘイトスピーチなどの差別の要因にもなります。集団意識の強要は、**多様性を否定する暴力**なのかもしれません。

　「集団の中で独り」でいる人々は、そのような集団意識の強い社会で多様性を高める存在と指摘できるでしょう。多様性の尊重は民主主義社会を基礎づける条件です。彼らによって、マイノリティの人々にとっても風通しの良い社会が構築できる側面もあります。小論文では、多様性の尊重は極めて重要な切り口です。

> **NOTE**
> ・「集団の中で独り」でいることはどんな場合に「積極的意味」
> 　をもたらすか？
> 　　集団の価値観や決定が誤っているとき
> 　　集団意識が強いとき
> ・「集団の中で独り」でいることの「積極的な意味」とは何か？
> 　　集団の価値観を正せる、集団の多様化につながる

＊ ビックモーター … 中古車販売大手企業。2023 年、保険金の不正請求や車検での不正
　合格などが明らかになり、問題となった。背景には過酷なノルマや利益優先主義などの
　企業風土があったとされる。

■ 場合分けと条件

　何でもひとまとめにして「良い」とか「悪い」とかの<u>レッテルを貼るのは、幼稚な議論</u>です。平和＝素晴らしい。格差＝悪い。たしかにその通りでしょう。しかし、平和を守るためには色々な取り組みが必要ですし、また、格差が必要なケースもあります。重要なのは、どのような格差が悪くて、どのような格差は良いのかという「場合分け」をして、その「条件」を考えることです。小論文を学ぶうえでは、このようなスローガン的思考から脱却することが重要です。

　「集団の中で独り」でいることにも「消極的な意味」と「積極的な意味」があります。どのような「場合」や「条件」によって、「集団の中で独り」でいることが積極的な意味を持ちうるのか。このように考えていくと、論証がより内容のあるものになります。

スローガン的思考から脱却する。

6. レジュメ作成　論証する

　ここまでで「集団の中で独り」の「積極的な意味」が確定しました。さらに議論を深めるために、関連する問いを立てる作業を続けます。<u>5W1H</u> を使って、どんどん問いを挙げていきます。

■ 議論を深める

　「なぜ、同調圧力に屈するのか？」自分のクラスや部活、あるいは職場など、具体的な場面をイメージして考えます。たとえば、誰かがいじめられているときに、あなたもいじめに加わることを求められたとしま

す。物理的に暴力を振るうだけでなく、言葉の暴力あるいは特定の人を無視したり、冷遇したりする場合もあるでしょう。 なぜ、嫌だと思っていても、いじめに加わってしまうのでしょうか？

さらに問いを立てます。そもそも**「『集団の外』にいることはできないのか？」**集団から離脱すればもっと楽になる可能性もあります。なぜ、多くの人々は「集団の中」にとどまるのでしょうか？ このような問いを立て、適切と思われる解答を考えていきます。これらは Chapter 5 の課題で扱いましょう。

「われわれが逆に加害者になっている可能性はないか？」と考えるのも重要です。人間は自らを被害者と認識することが多く、自分が被害に遭ったことはよく覚えています。しかし同時に、自分たちが無意識に加害者となりえることも忘れてはいけません。今回の課題を解くうえでは、そのような視点も持ってもらいたいです。

NOTE
・なぜ、同調圧力に屈するのか？
　自分がいじめられるリスクを冒したくない
　いじめが発生しているという自覚が薄い
・「集団の外」にいることはできないのか？
　学校を退学するなど、集団から離れることに
　恐怖を覚える
・われわれが逆に加害者になっている可能性はないか？
　時代の風潮に流されて加害者になることは多い

このように、議論を深める際には、自分なりに問いを数多く立てます。その中で優先順位が高い問いを絞ります。その際には、周辺にいる人々のやむを得ない状況、「難しさ」を理解しようと努めましょう。

議論を深めるには、数多くの問い立てをする。

■ レジュメの例

　関連する問いをたくさん挙げて優先順位をつけたら、あとはそれらを整理します。それぞれのセンテンスには異なる役割を与えるので、「解答」「前提」「切りかえし」*などとセンテンス冒頭に役割を明示すると便利です。

NOTE

【レジュメ】優秀論文A

1. ［解答］積極的意味＝新しい価値観、多様性の認識
2. ［前提］筆者の見解
3. ［切りかえし］多様性の喪失
4. 　　　　　　　→ 閉鎖空間に新たな可能性
5. ［具体例］『みだれ髪』
6. 　　　　　　→ 解釈
7. ［まとめ］

NOTE

【レジュメ】優秀論文B

1. ［解答］集団の中で独り＝なすべきことをなす実感を
　　　　　　　　　　　　　　　　　得られる
2. ［筆者の見解］対人レーダー＝同調圧力を感じる
3. ［理由］同調圧力に抗すれば、攻撃の対象
4. 　　　　個人の主張を控えれば穏便
5. ［切りかえし］歴史的に大きな誤り
6. ［具体的事柄①］全体主義の起源
7. ［具体的事柄②］夜と霧

7. 文章化

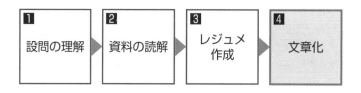

　最後は**4文章化**です。レジュメの7つの箱にそれぞれ異なる役割を与えたら、一気に書きます。「書きたいことはたくさんあるけど、スペースが足りない」という状態になるまで、課題と向き合いましょう。文章化では、自らの問題意識や怒りを共感させるような、読み手の心を揺さぶる文章を書きたいです。

　最後に、実際に高校生が書いた優秀論文を掲載します。こちらも不完全な部分はありますが、自分の答案と比較して参考にしてください。

読み手の心を揺さぶる文章を書く。

　今回は新型コロナの問題でも注目された、社会学の超重要テーマを扱いました。集団主義がある種の暴力にもなる。そのような視点は「探究」でも極めて重要です。日常生活でもそのような場面がないかを考えてみるのもよさそうです。

＊「切りかえし」とは、前提を踏まえ論点を絞り込む役割になるところで、しばしば「しかし」を用います。

✏ 8. 添削ラボ　優秀論文・集団の中で独りでいること

優秀論文A

集団の中で独りでいることの積極的な意味は、集団に新たな価値観をもたらし、多様性を認識させる点にある。筆者は、現代の若者たちは周りの反感を買わないために、高度な人間関係を築いている、と論じる。しかし、ここには強い同調圧力が働くため、個人の意思が蔑ろにされ、多様性が失われる。集団において独りでいることとは、このような閉鎖的空間に新たな可能性を提示する契機となり得る。たとえば、女性の恋愛感情を率直に描いた与謝野晶子の『みだれ髪』は、自由恋愛が御法度とされた当時の社会に感性の解放を訴えた。そして、この作品は主に若者の共感を生み出し、同じく社会の抑圧に苦しむ女性たちに生きる勇気を与えたのである。このように、集団の常識に囚われない自己決定は人々に新たな価値観を提示し、他者への共感を生み出す契機となることで、社会に多様性が育まれていくのである。

「積極的な意味」として集団に新しい価値観を示したことを提示しています。ただし、第二文は課題文のままで具体的に説明できていません。第三文も説明不足です。『みだれ髪』の例は優れていますが、具体例にやや頼りすぎています。最終文は重複です。

優秀論文B

集団の中で独りでいる積極的な意味は、なすべきことをなす実感を得られることだ。現代の若者が対人レーダーを働かせるのは、その集団の同調圧力を強く感じるからだろう。同調圧力に抗えば、攻撃の対象ともなりえる。個人の主張を控え、集団の意志に従うことで何事も円滑に進むのかもしれない。しかし、我々は歴史的に、集団が誤った選択をしてきたことを何度も見てきた。そして、システムを無批判に受け入れる受動的態度は、ホロコーストの例を見るまでもなく、全体主義の起源となってきたのである。ヴィクトール・フランクルは『夜と霧』で、強制収容所に人間を入れて全てを奪うことはできるが、与えられた環境でいかにふるまうかという「人間としての最後の自由だけは奪えない」と論じた。なすべきことをなすことは、人間の本質的な欲求である。全てが奪われた限界状況で、自分が何をなすのか。それは、私たちに与えられた人間としての唯一の選択である。

「なすべきことをなす実感」について具体的に論じられていて、まとまりがよいです。ただし、やや『夜と霧』に引きずられているので、もう少し現代に話を持ってきて、設問や課題文との乖離を少なくしたいです。

71

■■■▶ 小論文学習の難しさと楽しさ

　小論文という科目にはモチベーションの維持が難しい側面があります。難関大の課題はいずれも高度なものばかりなので、予習や復習をするとかなり骨が折れます。また、答案を書き上げても何点なのか正確にわからない。したがって、自分が上達しているのかもよくわからない。そんな中で不安が増していくことがあるのです。

　特によく発生するのは、小論文の学習を続けているのに**「以前より書けなくなった」**と感じることです。今回はそのメカニズムと対処法をお話しします。

　実は「以前より書けなくなった」と感じるのは、自分が成長しているからに他なりません。何も考えずに答案を書くのは、気楽で簡単なことです。しかし学習を進めて様々な視点を身に付けると、「自分が書けていない」ことに気が付いてしまうのです。実力が付いたからこそ初めて問題に気づけるようになるのです。

　大丈夫です。そこからもう少し頑張ると、霧がパッと晴れるように急に書ける実感が湧いてきます。水を凍らせるときを考えてみましょう。水温20度から0.1度まで下げたとしても、水の状態は全く変わりません。しかし、0度になったとたんに水は突然に固まり始めます。小論文学習も同様に、ある臨界点を超えると突然に**「書ける！」**という実感が湧くものです。

　小論文の学習で最も楽しい瞬間は**「最高の小論文を完成させたとき」**です。たくさんの課題を書く必要はありません。1つの課題に徹底的にこだわり抜いて、自分が「最高」だと感じられるものを書き上げましょう。書き上げた答案は自らの作品だと考えて大切に保管してください。その高揚感や満足感があなたのモチベーションとなります。

　書き上げた作品が徐々に増えて、自分の好きな課題について語れるようになったら、かなり上達している証拠だといえます。

Chapter 5

暴力の共通点

思考停止しないための技術を解説したうえで、
暴力の共通点について考えます。課題を観察・
分析して問題意識を研ぎ澄ませてみましょう。

暴力の共通点

1. 思考停止しないための技術

　今回は、**思考停止しないための技術**についてお話しします。小論文で最も重要なのは**❸レジュメ作成**の時間です。課題文を踏まえて観察・分析して、設問に対する解答と論拠を丁寧に組み立てる。それはとても集中力が必要な作業です。トレーニングを積んでいないと、集中力が持たず、あっという間に思考停止します。

■ 思考停止のパターン①

　まずは、そもそも「なぜ思考停止が発生するか」が重要です。最も多いのは**「設問の内容がよくわかっていない」**というケースです。課題文を読んでいるものの、「記憶」の意識が弱く、作業しているうちに何が設問かを忘れてしまいます。

　Chapter 2 で、**❶設問の理解**では、課題文を見ないで他人に説明できることが重要とお話ししました。対処は簡単で、設問の記憶を癖にすれば思考停止を回避できます。

　　　　設問の理解は、課題文を見ないで説明できるかがカギ。

■ 思考停止のパターン②

　次に多いのは、設問を見た瞬間に**「これが解答だ」と思い込む**ケースです。人間は「きっとこれが解答に違いない」などと思うと、あっという間に思考停止してしまいます。入試で自分がよく知っているテーマの問題が出題されたときにも、「あっ、このテーマ知ってる！」と思い込み、十分な観察・分析なしに設問の要求を満たさない、雑な答案を書く受験

生がよくいます。

　思考停止を起こさないためには、自分自身に批判的精神を発揮することが重要です。あなたが「あっ、これを書けばいいんじゃないかな？」と思ったことは、あくまで**仮説**に過ぎません。検証されて初めて正しいと判断できます。自分自身の認識を疑える強さが合格へのカギです。

バイアスや思い込みは小論文の最大の敵。

■ 思考停止のパターン③

　次は、想像力を働かせる際に**具体的なイメージが湧かない**ケースです。「民主主義」であれ「自己責任」であれ、抽象的なテーマをそのまま議論するのは困難です。「よくわからないなぁ」と思考停止するのは、映像的イメージが浮かんでいないことが多いのです。

　このようなケースはどう対処するのか？　まず、好奇心は最高の才能です。Chapter 2 の**②資料の読解**で述べたように「オモロイ、オモロイ」と思い込みます。そして、**現象を一つ一つ分解すれば想像力は機能**し始めます。この状況で関係者は誰がいるのか？　彼らはどんな心情なのか？　一つ一つを見ていけば、全体としてのイメージも湧きます。

現象を一つ一つ分解すれば、想像力は機能する。

■ 思考停止のパターン④

　さて、ここまではおおむね復習に近い内容ですが、最後は新しい内容です。思考停止してしまう受験生は、試験中に**アウトプットそのものが不足**しています。

　多くの受験生は思考停止する際に、結局「ぼーっと」しています。ア

<u>ウトプットしようとする「意志」が想像力を生み出す</u>のです。皆さんも何かを書いていると、あるいは友達と話していると、新たな発想が急に浮かぶことがあると思います。アウトプットすることで初めて、新しい着想を得られるのです。

したがって、試験本番、強い意志を持って思いついたことを次々と白紙に書くのは有効です。また、心の中で「議論すべきこと」を話そうとするのも有効です（普段の学習では実際に声に出して話しましょう）。頭の中で回路がつながっていく感覚が得られます。

また、思考のプロセスを**記録**することも重要です。人間はすぐに物事を忘れます。試験中ですらも、つい先ほど「何を考えていたか」を忘れます。「自分が考えたこと」をメモとして残し、それらを批判しながら発想を広げれば、思考停止は起きません。

　　　アウトプットしようとする「意志」が想像力を生み出す。

✐ 2. 添削ラボ　暴力の共通点

今回の課題も制限時間60分、制限字数400字です。なお、この課題には課題文はありません。思考停止に注意して、観察・分析を重ねます。

> 　人間の社会には、様々な原因をもった「暴力」がありますが、その共通点は何だと思いますか。具体的な事例を挙げて説明しなさい。（400字以内）

（慶應義塾大学文学部　自主応募制による推薦入学者選考）

今回も高校生が書いた答案例から見ます。自分の答案と比較して、理解を深めましょう。

答案例（1）

　私が考える「暴力」の共通点は、人を傷つけその人の今後に影響を与えるということである。例として、小さい頃から親に家庭内暴力を受けていた人は将来大人になってもハンディキャップを持つ。それは暴力がトラウマとなって自分の心の内を明かさなくなり、人に相談するという大事な手段が失われてしまうということである。そして、社会に出た後も誰かに相談することなくため込んでしまう。それは様々な弊害をもたらし、子どもの育て方が分からず人に頼れないまま子どもを虐待してしまうこともある。たとえその暴力が手を上げることではなく言葉であったとしても、今後に影響を与えるという点では共通している。例として、誹謗中傷も暴力に含まれるだろう。近年、誹謗中傷を受けることで自殺してしまう人が絶えないが、やはり人生を変えてしまうほどの影響力があるのである。暴力は暴力を受けた側に傷跡として心身に大きな影響を与えるものである。

POINT

□ 他人を傷つけること、その影響が長く残ることの他に、暴力に共通する重要な側面はないだろうか？

□ 暴力の具体例は一般的であり、全体として「暴力はよくない」というスローガンになっている。こういった暴力以外に、どういうものがあるだろうか？

答案例（2）

「暴力」の共通点は、立場を利用した自分本位な行動ということだ。どんな原因・手段であれ、暴力の裏には社会的・物理的立場に基づく上下関係がある。また、暴力の原因には、自分の欲を満たすことや相手への憎しみなどがあるが、これらは全て相手の気持ちを考えない非常に自分本位な行動である。どんな原因も暴力を振るう正当な理由には絶対にならない。例えば、セクハラ・パワハラは上司という立場を、児童虐待は親という立場を利用して行われる。また、学校でのいじめは生徒という同じくくりではあるものの、同調圧力を伴うスクールカーストの立場を利用している。家庭内での親から子への暴力は、力が強いという物理的立場に基づく上下関係がある。そしてSNSにおける誹謗中傷、つまり言葉の暴力では、匿名という立場によって中傷する側が有利な状態になる。これらより、暴力の共通点は立場からなる上下関係を伴う行動である。

POINT

□ 暴力の共通点は、本当に加害者と被害者の上下関係だけなのだろうか？
□ おそらく共通点は複数あるが、それらは相互にどんな関係性にあるのだろうか？
□ 設問をそのまま読むと、設問の要求は暴力の共通点を指摘することと読み取れるが、はたして本当にそれだけでよいのだろうか？

3. 設問の理解

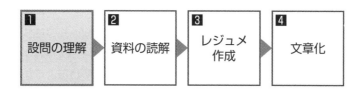

それでは、**１設問の理解**から始めます。

■ 解答の型を作る

今回も制限字数 400 字なので７つの「センテンスを入れる箱」を作りましょう。

　人間の社会には、様々な原因をもった「暴力」がありますが、その共通点は何だと思いますか。具体的な事例を挙げて説明しなさい。

小論文は「解答と論拠を提示し、具体的な事柄で論証する」ものです。まず７つの箱に「暴力の共通点とは何か」という設問の解答と論拠を入れます。ただしこれまでの２題とは異なり、筆者の詩の解釈などを提示する必要はありません。

小論文は、
解答と論拠を提示し、具体的な事柄で論証する。

■ キーワードの意味を捉える

　まずは「暴力」と「共通点」という単語を分析します。「暴力とは何か？」と問われたときに、なじみがある「学校のいじめ」などですぐに書こうとせず、設問の趣旨を正確に掴むことが重要です。今回の課題は「人間社会には」という場面設定があります。したがって、「特定の個人が誰かを殴る」といった個別の暴力ではなく、<u>社会全体に関わるような「暴力」</u>を扱うはずです。自分の経験に固執して「いじめは良くない」などとスローガンのように結論づけるのはやめましょう。

　それでは設問を設定しなおして、<u>「社会にはびこる『暴力』とは何か？」</u>を考えていきます。企業でのパワハラ、家庭内暴力、テロリズム、あるいはSNSなどでの言葉の暴力。色々と思い浮かべられたでしょうか？物理的な暴力もあれば、精神的な暴力もある。比較的イメージしやすいと思います。しかし、このあたりで満足することなく、もっと<u>暴力の本質</u>に迫りたいところです。後で検討しましょう。

　次に、<u>「暴力の『共通点』とは何か？」</u>という問いも考えましょう。色々ありそうです。たとえば、加害者と被害者がいる。何らかの暴力の行使がある。被害者が苦しむ。このあたりは誰でもすぐに思いつきそうです。

NOTE

・社会にはびこる「暴力」とは何か？

　　学校などでのいじめ、企業などでのパワハラ、

　　家庭内暴力（DV）、テロリズム、言葉の暴力

・暴力の「共通点」とは何か？

　　加害者と被害者がいる、何らかの暴力の行使がある、

　　被害者が苦しむ

小論文では、自分の体験に固執して議論しない。
そこから発展させる。

■ 小論文と問題意識

　ここで、1つの解答例を検討してみます。皆さんは次のような答案を
どう評価しますか？

暴	力	の	共	通	点	は	、	被	害	者	が	い	る	こ	と	で	あ	る	。
学	校	で	発	生	す	る	い	じ	め	も	、	職	場	な	ど	で	起	き	る
パ	ワ	ハ	ラ	も	、	家	庭	内	暴	力	（	Ｄ	Ｖ	）	、	あ	る	い	は
過	激	派	等	に	よ	っ	て	引	き	起	こ	さ	れ	る	テ	ロ	リ	ズ	ム
も	、	い	ず	れ	も	、	被	害	者	が	存	在	す	る	。	加	害	者	か
ら	何	ら	か	の	攻	撃	が	な	さ	れ	て	、	そ	れ	ぞ	れ	が	大	き
な	被	害	を	受	け	る	。												

　この解答例では、暴力の共通点が明確に示され、具体的な例示もして
います。これは良い答案なのでしょうか？　そうは思えないですよね。
この解答例は共通点をただ並べているだけで、何の問題意識も感じられ
ません。**小論文は書き手に「どうしても伝えたい」という問題意識があっ
て初めて成立**します。さらに、その問題意識を何層にも積み重ね「1つ
の世界」を創っていきます。問題意識が感じられない答案は「1つの作
品」として成立していないのです。

　そして、その問題意識を整理して他者に共感*してもらう。そのため
にわれわれは文章を書くのです。どの順番で話を構成するのか。どんな
事柄を入れるのか。その工夫が、皆さんの作品を優れたものにします。

何ら問題意識が感じられない答案は
「1つの作品」として成立していない。

- -

＊ 読み手の心が全く動かされない論文には、何の意味もありません。家電製品の取扱説明
　書のように、ただ、情報が列挙されている論文。結局何を言いたいかがわからない論文。
　それらは、採点官にとって、読むに値しない、最悪なものなのです。

設問の理解にこだわる

　そもそも「暴力の共通点」はたくさんあります。この問題では、「暴力の共通点」に関連させて「強い問題意識をぶつける」ことが要求されています。<u>**小論文という科目はあなた個人の問題意識と不可分な科目**</u>なのです。

　そのときに重要なのは「設問は神様」という原則です。「なぜ、この問題が出題されたのか?」という問題の出題意図を考えれば、設問の趣旨をより正確に把握できます。

　出題意図に関連させて問いを立てます。**「なぜ今、暴力の共通性が問われるのか?」**ここでも文学部的な発想を用いましょう。SNSなどでの言葉の暴力も1つの背景です。近年、フーコーの**権力論***が再評価されているように、社会がシステム化されて、個人の権利や尊厳が蔑ろにされているという強い問題意識が語られるようになりました。小論文でも、社会が効率化・合理化されている中で、人間はその犠牲となっているのではないか?　そのような**近代批判**の視点が重要になります。

> NOTE
> ・暴力の共通点がなぜ語られなければならないのか?
> 　　フーコーなどの「近代批判」が背景

　　　　　　　　小論文は、
　　　個人の問題意識と不可分な科目である。

4. レジュメ作成　視点を変える

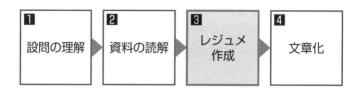

❶	❷	❸	❹
設問の理解	資料の読解	レジュメ作成	文章化

　今回は課題文がないので、このまま❸レジュメ作成に進みます。このプロセスでは、視覚的に「映像」として見ることが重要だと述べてきました。今回は、その発展編です。

　時間・空間・主体などの視点を変えるという技術をご紹介します。うまく発想が広がらないとき、「戦時中はどうだったんだろう？」「米国ではどうだろう？」「加害者の視点から見ればどうだろう？」自分と視点を切り離して、異なる視点に立つことで想像力を働かせます。今回は主体の変化を使います。

■ 主体を変える①

　まずは、暴力を振るう**「加害者」**に視点を置きます。あなたが加害者になったと仮定して、その人の視点から現象を「映像」として見ます。具体的な犯罪などの例をイメージするのも重要です。犯罪者＝悪と決めつけず、彼らの視点から世界を見ようとします。**「加害者はなぜ暴力行為を起こすのか？」**という問いを立てます。

　暴力が発生するとき、加害者も何らかの問題を抱えています。プライドを傷つけられ絶望感を覚えて、悲惨な暴力行為を引き起こす。自分の置かれている境遇など、加害者の身勝手な被害感情が暴力行為を生みます。最近の社会学の研究では、社会的孤立や分断が人々の心理に影響を及ぼし、犯罪やテロリズムを生んでいるとの分析もよくなされます。

　また、加害者が、逮捕された後も反省を口にしないケースも多々あり

＊ 権力論 … フーコーは権力を「行為の産出」によって定義している。マルクス主義的な世界観では権力は「国家の暴力装置」と同一視されていたが、フーコーは権力は「人がある行為をするように作用させる」とした。

ます。**「なぜ、反省しない加害者がいるのか？」**と問いを立てます。「自分が絶対に正しい」という思い込みは、しばしば苛烈な暴力を生みます。○○が悪い。○○のせいで自分が被害に遭っている。そんな思い込みが暴力を生み出します。

　個人の信仰している宗教や価値観などが関わる場合も多くありますし、ネット上の炎上もこの例でしょう。**正義感**ゆえに加害者が自らを正当化し、喜々として暴力行為に加わっていく。暴力には、そのような狂気もあります。

NOTE

・加害者はなぜ暴力行為を起こすのか？

　　加害者の身勝手な被害感情、思い込みの正義感

　　電車内での無差別テロ、ネットの炎上など

・なぜ、反省しない加害者がいるのか？

　　加害者の思い込み、正義感による正当化、

　　暴力の狂気性

時間・空間・主体など、視点を変えて考える。

■ 主体を変える②

　次は視点を**「被害者」**に変えます。インターネットでの誹謗中傷などの被害にあった人の立場に立って「映像」として現象を見ます。**「暴力はなぜひどいのか？」**という問いを立てます。

　暴力はほとんどの場合、極めて<u>理不尽</u>なものです。何らかの発言や行動が他人の気に障った。ちょっとしたことがきっかけで物理的暴力や誹謗中傷、無視などが始まります。むしろ、理不尽なことが暴力の共通性ともいえます。

　リアリティー番組などでの行動が番組として切り取られ、視聴者から執拗な嫌がらせをされる。それがエスカレートして自ら命を絶つ方もい

ます。この<u>エスカレーション</u>も暴力の共通点でしょう。ある種の集団心理が正義感とあいまって苛烈な暴力を生みます。

「**なぜ、エスカレートするのか?**」と問いを立てます。エスカレーションには正義感と<u>匿名</u>の環境が関わります。匿名の掲示板やＳＮＳなど発言者が特定できない場合、彼らは遠い外野のような場所から野次を飛ばすようにひどい書き込みをするのです。これは、家庭内暴力など<u>周囲から見られない閉鎖的な環境</u>で暴力行為の発覚が遅れるのと同様です。被害が見えない、加害者が特定できないときに事態は深刻化します。

また、暴力は長期にわたって被害者を傷つけます*。被害者は暴力による物理的被害だけでなく、言葉などによる精神的な被害を受け、その経験が<u>トラウマ</u>になります。長年にわたって言葉に苦しみ、記憶が呼び覚まされる。子どもの頃にいじめられた経験を、被害者は大人になっても決して忘れないものです。

> NOTE
> ・暴力はなぜひどいのか?
>   　理不尽な理由で起きる、エスカレートする、
>   　被害が長期に残る
>   　→インターネットでの匿名の誹謗中傷など
> ・なぜ、エスカレートするのか?
>   　正義感、閉鎖的な環境

■ 主体を変える③

さらに、視点を**「周囲の人々」**に変えます。自分の周りでいじめやパワハラなどの暴力行為が起きたとき、人はどうするのでしょうか? 暴力行為を止めるケースもありますが、暴力が見過ごされるケースも多いと思います。あるいは、周囲の人々までもが暴力に加担するケースもあります。

＊ リン・ラムジー監督の『ビューティフル・デイ』では、主人公が、幼少期の虐待と戦場での過酷な体験に苛まれながら、失踪した少女の行方を追います。普段鑑賞する映画でも様々な社会現象が論じられているので、このような映画を観ることも重要な学習です。

　ここでも関連する問いを立てます。周囲の人々は**「なぜ、暴力行為を見過ごし、あるいは加担するのか？」**おそらく前提に、加害者と被害者の人間関係があります。

　暴力は一般的に、加害者と被害者に**強者・弱者という関係***があり、また加害者から被害者に**一方向的に**暴力行為が行われるという特性があります。これも共通点です。そして多くの場合、被害者だけでなく周囲の人々も加害者に対抗できません。

　こんなときには、周囲の人々も加害者に歯向かうと「自分も被害を受ける」と考えます。そんな利己的な発想が暴力の黙認や加担を生むのでしょう。人間として「自分を守りたい」という防衛本能は当然ですが、許されるわけではありません。

　さらにもう1つ、**「被害者はなぜ暴力から逃れられないのか？」**という問い立ても重要です。いじめやパワハラなどが起きるならば、学校や会社を辞めればよいと考えるかもしれません。しかし、それを難しくさせる要因もありそうです。

　日本では、皆勤賞など何かを続けることに価値が置かれます。何かをやめて、集団から離脱することは、しばしば個人を難しい立場に追い込む。そのような認識が転職や退学などを難しくさせます。

　このように、視点を変えて関連する問いを立てれば議論が深まります。試験会場でじっくりと時間をかけて、人間や社会がどうあるべきかを考え、その場の思考や判断を重視しましょう。

・周囲の人々はなぜ黙認・加担するのか？
　強者である加害者に歯向かうと自分も被害を受ける
　と考える
・被害者はなぜ暴力から逃れられないのか？
　集団からの離脱で損害が発生する

視点を変えて、新しい議論を生み出す。

5. レジュメ作成　問題意識を発露させる

　今回の問題の場合、暴力を批判するのは簡単です。いじめは良くない。家庭内暴力は良くない。男女差別は良くない。そんなことを、スローガンのように連呼しても意味はありません。

■ 問題意識を発露させるために

　小論文では問題意識が重要だと説明してきました。それでは、どうすれば、鋭い問題意識を持てるのでしょうか?

　そのためには何よりも、**現象を自分事として捉える**ことが重要です。今回の問題で、皆さんはどんな立場から暴力を評価したでしょうか?おそらく、被害者の立場に立って、暴力を批判したのだと思います。

　しかし、それは少し一面的です。あなたは「私は暴力など振るわない」などと、安易に思っていませんか?　自分の発言や行動が、他の人にとっては暴力になっている可能性はないでしょうか?　あるいは、正義感から他者に対して無意識的に暴力を振るっていないでしょうか?　その可能性を考えられるかが重要な分岐点です。

　フーコーは『監獄の誕生――監視と処罰』の中で、社会が**監獄化**していることを指摘しました。他人の生き方や考え方を良い方向に導こうとする**利他的**な性質が社会に内在し、われわれは様々な形で人々に**何かを強要**されていると論じます。ちょっと難しい内容ですが、このテーマに関心がある人はぜひ読んでもらいたいです。

　自分の外部に批判の対象を置くのではなく、自分自身の在り方を批判することも重要です。そのような内省を前提にして、自分自身にも批判的精神を発揮することが、より深い議論を生み出します。

自分事として捉えることで、問題意識を発露させる。

＊　『ドラえもん』でジャイアンがのび太に暴力を振るう。これはイメージできますが、のび太がジャイアンに暴力を振るうのはイメージできないでしょう。

■ 問題解決の難しさを伝える

　安易な解決策を提示しないことも重要です。小論文で出題されるテーマは基本的に、**解決困難な問題（アポリア）**です。決して簡単に解決策が導けるものではありません。問題解決の難しさを語るのが小論文です。決して単純化することなく、簡単に白黒つけるのではなく、条件や場合を徹底的に考え抜きます。

　「すべて政府が悪い」「すべてあの政党が悪い」「すべて中国が悪い」「すべてマスコミが悪い」など、何かの対象に**レッテルを貼って議論するのは最低**です。他者を批判するのではなく、自分事として疑い、あるべき姿を考える。そして、それを伝わる言葉で表現する。そのような態度が、小論文では必須です。

何かにレッテルを貼るのは、幼稚な議論。

■ レジュメの例

　関連する問いをたくさん挙げたら、レジュメを作ります。実際に高校生が書いたレジュメを例として示すので、この後の優秀論文と比較してください。なお、センテンスの数は目安なので調整します。

【レジュメ】優秀論文 A

1. ［共通点の明示］暴力の共通点＝弱者が抵抗できない
2. ［前提］様々な暴力　テロ、誹謗中傷
3. 　　　　　→ トラウマ
4. ［自分の解答］暴力＝他者の存在
5. ［前提］自己の存在証明は他者
6. 　　　　　サルトル『出口なし』→主体性を奪う
7. ［まとめ］自己同一性

NOTE

【レジュメ】優秀論文 B

1. ［共通点］①肉体的・精神的苦痛が一方向

2. 　　　　　②無意識に加担　いじめやパワハラ

3. 　　　　　③継続的な暴力がトラウマに

4. ［自分の解答］正義感が暴力

5. ［前提］絶対的正義→他者への攻撃

6. 　　　　思い込み→思考停止

7. ［具体例］TV、SNS の例

8. 　　　　→ スパイラルの説明（正義の確信を深める）

9. ［まとめ］

6. 文章化

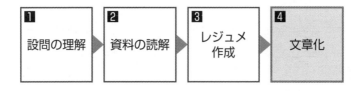

　最後は、**4文章化**です。まずは冒頭の２本の答案例を見なおして、この後の優秀論文も添削してみてください。こちらもまだまだ修正できる余地があります。

　優秀論文を見る際にも、ただ読むのではなく、誰かと対話するような感覚を持てるとよいです。何を表現しようとしているのか。もっとうまく表現する方法はないのか。そんなことを考えていくことで、自分自身も良い視点を身に付けることができます。このような他者との対話や協働が「**探究**」につながります。

✏️ 7. 添削ラボ　優秀論文・暴力の共通点

優秀論文A

暴力の共通点は、強者から弱者へと一方的に行われ、弱者が抵抗できないことである。現代では、テロや殺傷事件のような物理的暴力に留まらず、マスメディアによる誇張表現やSNSでの誹謗中傷のような精神的な攻撃も横行している。多くの場合、暴力を受けた被害者は抵抗ができず、トラウマのようにその後の人生に残る大きなダメージを受ける。人間にとって、他者の存在は時に暴力となる。そもそも、自己の存在証明は他者の存在に依拠して成立するため、人間にとって他者は不可欠である。しかし、サルトルが『出口なし』において、生者のまなざしにより三人の死者が地獄へ落ちる悲劇を描いたように、他者は時に人生の主体性を奪う。特に、自己同一性が不安定な思春期や青年期においては、他者の中における自己像が自分の意思よりも優先される場合がある。他者とは、欠かせない存在だからこそ強者であり、自らを強く支配する暴力性を持つのである。

> 全般的にまとまりよく書けています。重複もほぼありません。前半と後半のサルトル『出口なし』のつながりがやや不自然なので、うまく接続したいです。自己同一性について一般化できているのも良いところです。

優秀論文B

暴力の共通点とは、強者から弱者へ、肉体的及び精神的苦痛が一方向に与えられる点にある。いじめやパワハラなどでは、周囲の人々も状況を放置し、無意識に暴力へ加担することも多い。そして、継続的な暴力が繰り返された結果、被害者はトラウマを抱え、大きな影響が及ぼされる。正義感は、我々を暴力の加害者にする。人間はしばしば自らの信仰や価値観を絶対的正義とみなし、一方的に他者を攻撃する。自分は正しいという思い込みが、相手の言い分を聞き、考慮することを妨げる。特に現代社会では、テレビやインターネットなどのメディアを通して、その暴力は拡散され、激化していく。問題を起こしたとされる芸能人が徹底的に叩かれ、SNSでは陰湿な攻撃が繰り返される。そして、加害者はそのような状況を目の当たりにして、さらに自分が正義であるとの確信を深めていく。自分が正義の側に立っているという思い込みこそが、誰かにとって苛烈な暴力を生む。

具体的な例は示していませんが、暴力の連鎖が具体的にイメージできていて、優れています。「絶対的正義」をキーワードにして、その恐ろしさをうまく書いています。

睡眠を改善する

Column 3

　皆さんは普段どれぐらい睡眠時間を確保していますか？　電車内や授業中にどうしても眠くなってしまう。それは明らかに寝不足のサインです。日本は先進国の中でも最も平均的な睡眠時間が短く（6時間48分）、多くの人が寝不足です。

　筑波大学には柳沢正史先生という睡眠学の権威がいます。彼によれば、人間は基本的に寝溜めができないということです。人間は睡眠不足に陥ると、翌日いくら寝ても回復することはなく、その改善にはおおむね1週間程度を要するといいます。そんな研究成果を見て、最近は学生にももっと寝ようと伝えています。とにかくまずは**睡眠時間を増やしましょう**。

　以前の私はひどい状態でした。週6日首都圏の予備校で働き、週1回は大阪で大学の授業を担当していました。平均的な睡眠時間は4時間程度。それでも自分はショートスリーパーなので、問題がないと勘違いしていたのです。しかも私は寝付きが非常に悪く、ベッドに入ってから1時間以上眠れないことがよくありました。そんな状態を変えるべく、いろんな文献を読み漁ったのです。

　最初に私が取り組んだのは、睡眠環境の改善でした。様々な枕や布団を購入し、カーテンは遮光性が高いものに変えました。さらには睡眠の質を改善する医療機器や米国製の高級ベッド（100万円以上）も購入しました。こだわり始めると徹底的にこだわる性格なのです。そういった取り組みの結果、睡眠の質が向上し、睡眠時間も大きく伸びたのです。

　睡眠時間が増えると、人生はガラッと変わります。体調が大幅に改善するだけでなく、自分の集中力や記憶力が飛躍的に向上することも感じました。メジャーリーガーの大谷翔平選手は1日平均10時間の睡眠を取り、2時間の昼寝をするといいます。皆さんも睡眠時間をもっと増やせば大幅に能力を伸ばせるかもしれません。

Chapter
6

呪詛

今回はセンテンスの基本構造を解説したうえ
で、人間が苦悩するときに役立つ重要テーマ
を扱います。もうダメだと思ったときに、人
には何が必要なのでしょうか？

1. センテンスの基本構造

　今回は、文章化についてお話しします。小論文学習において「私には文章力がない」と嘆いている方も多いと思います。そもそも文章力は、**その人の言語体験***によって培われます。多くの本を読んだ。毎日日記をつけた。小説や詩を書いた。優れた弁論やスピーチをした。どんな内容を書き、どのような語彙を使うか。そんな試行錯誤の積み重ねで、文章力は徐々に向上します。

　しかしそうはいっても、受験を直前にして何とか効率的に文章力を上げられないか？　そんな方にとっておきの方法をご紹介します。

■ 日本語の基本構造を理解する

　文章力を上げる最も効率的な方法は、文章の基本的な構造を理解し、正確に読めるようになることです。良い文章を書くためにはまず読むトレーニングが重要で、正確に**「読める」人**だけが正確に**「書ける」**ようになります。

　効率的な英語学習はまさにその方法です。海外経験のない日本人が英語を学ぶ場合、いきなり文章を書くのは大変です。そこで、基本的な英文法を学び、センテンスの基本構造（ＳＶＯＣ）を理解します。英語は構造語といって、**言葉を置く順番**によって意味が決まります。その原理を理解すれば、正確に読めるようになります。そうするとその技術を使って、英作文でも優れたセンテンスを書けるのです。

　それでは日本語学習はどうか。私は日本語の読み書きについても、文法やセンテンスの基本構造が重要と考えます。そういうと、「国語の文法はちょっと大変そうだな……」と不安に思う方も多いかもしれません。

　大丈夫です。おそらく受験生の皆さんには、国文法よりも英文法の用

語の方がなじみ深いでしょう。本書では、私が英語講師だった経験を生かし、センテンス（文）、パラグラフ（段落）、ＳＶ（主語と述語）、Ｍ（修飾語）など、一部の文法用語を英語に置き換えてわかりやすく説明していきます。

センテンス構造を使って、日本語を分析する。

■ センテンスの基本構造

　まずは、日本語のセンテンスの基本構造です。皆さんは文章を書くとき、どのような順番で単語を置くか知っていますか？　実は明確なルールがあります。ここで、昔話の『桃太郎』を思い出してみましょう。

> むかしむかし、あるところに、おじいさんとおばあさんがいました。おじいさんは山へ柴刈りに、おばあさんは川に洗濯に行きました。おばあさんが川で洗濯をしていると、大きな桃がどんぶらこ、どんぶらこと流れてきました。

　書き出しに注目します。このセンテンスは「おじいさんとおばあさんが」がＳ（主語）です。このＳの直前の「むかしむかし、あるところに」に注目しましょう。Ｓの前に置く、この言葉の役割はＭ（修飾語）といいます。センテンスを構成する際には、原則的にＳＶの前にＭを置く。**センテンスの基本構造はＭＳＶ**（修飾語・主語・述語）と覚えましょう。

　Ｍ（修飾語）には①場面設定をする役割と、②補足情報を加える役割があります。この「むかしむかし、あるところに」は①場面設定の役割をしていますね。

＊ 読書経験を積むと、豊富な語彙や、センテンスやパラグラフの形を自然に習得できます。日記・俳句・小説などを書いて、自分の主観的な想いを言語化するのも有効です。一つ一つの表現に気を払っていけば、語彙力や表現力は徐々に研ぎ澄まされていきます。

```
　（時間）　＋　（空間）　＝　場面設定
むかしむかし、あるところに、
　　　　　　　M
　　　　おじいさんとおばあさんが　いました。
　　　　　　　　　　　S　　　　　　　V
```

　『桃太郎』に限らず、文章を書き始める際には、冒頭に場面設定（時間・空間）を置くのが一般的です。川端康成の『雪国』もフランツ・カフカの『変身』も同様です。

```
国境の長いトンネルを抜けると雪国であった。

　　　　　　　　　　　　　　　　　　（川端康成『雪国』）


ある朝、　グレゴール・ザムザが気がかりな夢から目ざめたとき、
自分がベッドの上で一匹の巨大な毒虫に変ってしまっている
のに気づいた。　　　　　　　　　　（フランツ・カフカ『変身』）
```

センテンス構造の基本形は、ＭＳＶ。

■ 場面設定の重要性

　物語に限らず、われわれが話をする際には「いつ、どこで」という場面設定が必要です。それがないセンテンスは極めて不安定になります。具体的に想像しましょう。

　友達から「犬が吠えていた」あるいは「正司先生が走っていた」などといきなり話しかけられたとします。その後、友達は一切しゃべらない。そんなおかしなシチュエーションをイメージしてください。おそらく皆さんには、「いつ？」あるいは「どこで？」などという疑問が湧き上がると思います。

今朝、家の近くで犬が吠えていた。

昨日の夜、渋谷駅の近くで正司先生が走っていた。

太陽は東から昇り、西に沈む。 ※普遍の真理なので場面設定がない

　このように、場面設定によって、初めてセンテンスは安定します。た
しかに、仮に『桃太郎』の第一文が「おじいさんとおばあさんがいまし
た。」だけだったとすると、不安定に感じますよね。「むかしむかし、あ
るところに」とはずいぶん不明確ですが、それでも重要な役割を果たし
ているのです。なお、場面設定を置かないのは普遍の真理などの場合だ
けです。

■ 場面変化による変化

　場面設定は、「切り替わるとき」により大きな意味を持ちます。ドラ
マなどで「それから３年後……」などと場面が切り替わるときがありま
すよね。このとき、進行上、絶対的な原則があるのを知っていますか？

　実は、場面が切り替わると必ず**何か新しいこと**が起きます。新しい登
場人物が出てきたり、新しい事件が起こったり、何らかの新しい展開が
始まります。「それから３年後……、特に何もなかった。そしてそれか
らさらに２年後……、何も起きなかった。」こんな展開は考えられません。
何かがあるから、場面は切り替わるのです。

　この原則は読解や記述する際にも重要です。場面設定が切り替わった
ら、展開を予測して「ここから何かが起きる！」と緊張する感覚が必要
になります。

　　　　場面が切り替わると、何か大きな変化がある。

2. センテンス分析

さて次は、**主語**についてお話しします。主語とは何かを理解しておく
ことは、正確な読解でものすごく重要です。

■日本語の「てにをは」

私たちは特に考えずに日本語を使っていますが、外国人の学習者から
するとすごく難しいことが色々あります。たとえば、犬を数えるときに
「一匹、二匹、三匹」と言いますが、「なぜ『匹』を『ぴき』『ひき』『び
き』と使い分けるのか？」と聞かれたらどう答えるでしょうか？　なか
なか答えるのは難しいですよね。日本語の上達にはこのような無意識の
難しさを顕在化する必要があります。

日本語学習者にとって特に難しいのは**「てにをは」**です。「てにをは」
とは、いわゆる助詞の総称で語句の関係を示したり、意味を添えて強調
したりするものです。日本語は膠着語といって、接頭辞や接尾辞（助
詞など）によって意味が変わります。皆さんも「私は」と「私が」の違
いなど、簡単なようで説明はなかなか難しいと思います。

次の2つのセンテンスを見てください。

```
私 (は) トイプードル (が) 好きだ。　I like toy poodles.
私 (を) トイプードル (は) 好きだ。　Toy poodles like me.
```

「私／トイプードル／好き」という語順は同じですが、その意味は全
く異なります。

　　　　日本語では助詞の使い分けが決定的に重要。

■ 主語とは何か？

　さて、皆さんは「主語とは何を表すのか」わかるでしょうか？　そも
そも主語とは、「**述語に対して、その行為（動作）や状態の主**を表す」
ものです。

> メロスは激怒した。　Melos was enraged.（ＳＶＣ）
> 吾輩は猫である。　　I am a cat.（ＳＶＣ）

「メロスは激怒した」というセンテンスでは、メロスという「動作主」
が「激怒した」ことを表しています。「吾輩は猫である」というセンテ
ンスでは、吾輩という「状態の主」が「猫」であることを示しています。

主語は、
「述語に対して、その行為（動作）や状態の主」を表す。

■ 「〜は」と「〜では」

　ここで１つ問題を出します。「日本は」と「日本では」の違いは何でしょ
うか？　この２つは似ていますが全く異なります。「日本は」はＳ（主語）。
「日本では」はＭ（場面設定）を表します。英語に翻訳するとよりわか
りやすいです。

> 日本は　　　　Japan is …
> 日本では　　　in Japan

　主語を表す助詞などには、「〜は」「〜が」「〜も」「〜とは」「〜こそ」
の５つがあり、「〜では」はＭ（場面設定）と覚えておきましょう。

6
呪詛

> 私(も)行く。　　　　　　　　　　　　　　　　追加
> カラス(とは)、都市部に生息する雑食性の黒い鳥です。定義
> あなた(こそ)、適任だ。　　　　　　　　　　　強調

■ 主語の見分け方の注意点

　ここまで、「てにをは」で主語を判別できると説明しましたが、残念ながら、それだけで主語が完全に判別できるわけではありません。日本語では助詞が省略されたり、主語自体が省略されたりします。

> 僕たち、もう終わりだね。　　助詞の省略
> あした早起きしなくちゃ。　　主語の省略

　主語を判断する基準は、あくまでその役割です。先ほど述べたように、主語とは、文法上「述語に対して、その行為（動作）や状態の主」を表した語です。**全体の中心は述語**で、その述語に対応する形で主語があると考えてください。

　したがって、ＳＶを把握するためには、まず**述語を確定**させて、そのうえで、**対応関係から主語を確定**させます。わかりにくいときには、まずは述語から見ます。これがコツです。

　会話文など口語の場合は読み手の抑揚や間などがあり、主語と述語は判断しやすいのですが、書き言葉はそのようなニュアンスが消えるため、形へのこだわりがより重要です。

全体の中心は述語で、
その述語に対応する形で主語がある。

■ 「象は鼻が長い」の構造

次は大変有名な問題です。「象は鼻が長い」というセンテンス*の主語は、「象は」と「鼻が」のどちらでしょうか？ 「長い」という作用の「主体」になるのは、当然「鼻が」ですね。「鼻が長い」のであって、「象が長い」わけではありません。最初の「象は」はこれから話す主題を提示する役割を果たしています。

```
象は  鼻が  長い
 M    S    V
```

たしかに、「象は」という表現を「象という主題では」あるいは、「象というテーマでは」と捉えられそうです。このように、「～は」には**主題を提示する**という機能があります。

主語には、主題を提示するものがある。

■ 修飾語の位置

最後に修飾語についても説明します。次の問題を見てください。

> 「叔父が海外に行く」「私は母と見送りに行った」「急いで見送りに行った」という内容を一文で表したとき、解釈をする上で誤解の生じないものはどれか。
>
> **ア** 母と私は急いで海外に行く叔父を見送りに行った。
>
> **イ** 母と私は海外に行く叔父を急いで見送りに行った。
>
> **ウ** 私は母と海外に行く叔父を急いで見送りに行った。
>
> **エ** 私は母と急いで海外に行く叔父を見送りに行った。

修飾語の位置関係に気をつけないと全く異なる意味になります。文章

を書く際にも、修飾語の位置や読点の位置はとても重要です。正解は**イ**です。

　ここまで基本的なセンテンスの構造について理解を深めました。国文法全体からするとかなり限定的な内容ですが、こんな少しの内容でも大きな手助けになります。

修飾語や読点の位置関係は極めて重要。

3. 添削ラボ　呪詛

　今回の課題は、制限時間 60 分、制限字数 320 字以上 400 字以内です。じっくり解いたうえで先に進みます。

> 　19 世紀のドイツの哲学者ニーチェは『道徳の系譜』のなかで、「これまで人類の上に蔓延していた呪詛は苦しみの無意義ということであって、苦しみそのものではなかった」（木場深定訳）と述べています。この言葉は現代の日本においてどのような意味をもちうると考えますか。あなたの意見を述べなさい。（320 字以上 400 字以内）

（慶應義塾大学文学部　自主応募制による推薦入学者選考）

　まずは高校生が書いた答案例を読みます。自分の答案と比較して、答案例の下のポイントを参考に、よく考えてください。

答案例（1）

ニーチェが述べたこの言葉は、現代の日本における SNS の使用を意味していると考える。呪詛とは、神や悪霊などに祈願して他人に災いを与えようとすることである。この呪詛が近年問題となっている SNS を通した誹謗中傷のことを指しているのではないか。現在の日本では日に日にインターネットの技術が高まっている。その高まりによって誰もが簡単に嘘を述べられるようになり、さらに匿名である特定の相手にメッセージを送ることが可能になった。そして人を傷つけることを目的として使用する者も増え、誹謗中傷を受けた人の精神を崩壊させ死に至らせることも多くある。これはニーチェが苦しみの無意義と述べているように無意味なことである。批判する人々はストレス発散になると感じているのかもしれないが、この行動によって幸せになるものは決して存在しない。無駄な時間なのだ。悲惨な出来事がさらに増えていくに SNS の使い方を見直す必要がある。

POINT

☐ 「呪詛」という単語から、インターネットの誹謗中傷がイメージされている。はたして、「呪詛」はそのような誹謗中傷を意味しているのか？

☐ 「苦しみの無意義」について、インターネットの誹謗中傷は意味がない、という内容だと考えている。「苦しみの無意義」という言葉はそのような意味なのか？

答案例（2）

ニーチェの言葉は、意義を持たない苦しみは人間にとって耐え難い、という意味だ。しかし、乗り越えることで自分が何かを享受できる苦しみであれば、人間は耐えられる。この言葉は、新型コロナウイルスの感染が拡大する現代において、飲食店経営者の収入減に対する誰のせいにもできない苦しみを意味すると考える。人間は、自らが築いてきた財産を災害などの逆らえない力によって失うと、生きる意味を見失い、トラウマとなって再始動できなくなる。しかし、サルトルが「実存は本質に先立つ」と述べたように、人間の存在意義はもとからあるのではなく、自分でつくるものである。これに気づければ、意義のない苦しみから抜け出し、生きる意義を作り直すことができる。そのためには、飲食店の持ち帰り販売のように、今までとは違う形であれ、苦しんでいる人が生きる意義を見つけられるようにわれわれも協力することが大切である。

POINT

☐ ニーチェの言葉は「意義を持たない苦しみは人間にとって耐え難い」ことと定義されている。この解釈は正しいのか？

☐ サルトルの「実存は本質に先立つ」の例を挙げているが、ニーチェの言葉との関連があるとすれば、どのような関わりがあるのか？

4. 設問の理解

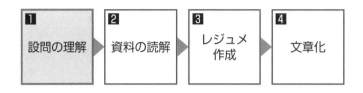

| **1**
設問の理解 | → | **2**
資料の読解 | → | **3**
レジュメ
作成 | → | **4**
文章化 |

1設問の理解から始めます。今回も 400 字の課題なので、7 つの「センテンスを入れる箱」を作り、入れるべき内容を検討します。それぞれのセンテンスに異なる役割を与えましょう。

■ 解答の要素を確認する

> この言葉は現代の日本においてどのような意味をもちうると考えますか。

7 つの箱にニーチェの言葉の解釈、あなたの解答、根拠を入れます。
→p.239
まずポイントとなるのは、「現代の日本において」という場面設定の部分です。この課題では単に「ニーチェの言葉の意味」ではなく、「現代の日本における意味」を答えることが求められています。

ということは、「現代の日本」という場面設定自体に何らかの役割を与えなければなりません。少子高齢化、人口減少、集団主義など特徴はたくさんあります。それらとニーチェの言葉をうまく掛け合わせることが求められます。

「設問は神様」ですので、出題意図についても考えます。この課題は 2011 年の 11 月に出題されました。同年の 3 月 11 日には東日本大震災が発生し、大きな被害が出ました。この点については、「この言葉」の意味が重要になるので後で述べたいと思います。

5. 資料の読解

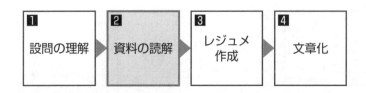

それではここから、**2資料の読解**です。

> これまで人類の上に蔓延していた呪詛は苦しみの無意義というこ
> とであって、苦しみそのものではなかった

　課題文は短いですが、難解です。一つ一つの単語、センテンス構造に
こだわれば糸口は見えてきます。これまでの課題と同様に、まずは形か
ら考えます。

■ 述語から主語を把握する

　最も重要なのは、「**ニーチェの言葉の意味は何か？**」という問い立て
です。焦らず、センテンス構造を分析します。「苦しみの無意義」とい
う部分がカギになりそうなので、まずは「『**苦しみの無意義』とは何か？**」
という問いを立てることにします。

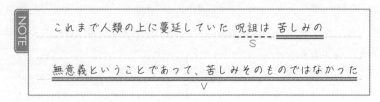

　述部は「苦しみの無意義ということであって、苦しみそのものではな
かった」という部分なので、その「状態の主」になるのは「呪詛は」です。
したがって、「呪詛」＝「○苦しみの無意義、×苦しみそのもの」とい
う関係になります。

呪詛<ruby>とは<rt></rt></ruby>苦しみの無意義ということであって、

↕対比

苦しみそのものではなかった

「蔓延とは何か？」「呪詛とは何か？」という問い立ても重要です。ここで「蔓延」と「呪詛」という、ちょっとわかりにくい単語の意味を検討しましょう。単語の意味がわからないときには、①他の語句とのつながりを考える、②漢字のイメージからアプローチする、といった方法で推測できます。

「蔓延」という単語は「汚職が蔓延する」「ウイルスが蔓延する」などと使いますね。一般的に「蔓延」という単語は、何らかのネガティブな現象や悪影響が広がる場合に使用されます。

他方、「呪詛」という単語は「呪いの言葉」という意味です。もし「呪詛」という言葉を知らなければ、漢字から推測します。「呪」という漢字から「呪い」や「呪術」を想像します。「誰かに対する強い怨念から、真っ暗闇の中で藁人形を打ちつける」といったイメージが思い浮かびます。何らかの負の影響が「なかなか拭えない」ということなのでしょう*。

・蔓延とは何か？

汚職が蔓延する、ウイルスが蔓延する

→悪影響が広がる

・呪詛とは何か？

呪い、呪術

→負の影響が拭えないもの

漢字のイメージからキーワードの意味を推測する。

----

* なかなか呪いが解けないことが、清水崇監督の『呪怨』や、鈴木光司の小説を原作とした、中田秀夫監督の『リング』など、様々な映画でも描かれています。

■ 名詞のＳＶ化

　次に述部です。今回の課題で最も重要なカギになるのは「苦しみの無意義」という部分です。皆さんはすぐに意味を把握できますか？　この言葉が難しいのは２つの名詞が「の」という助詞でつながっているからです。助詞の「の」には色々な意味合いがあります。

> となり（の）トトロ　→　となりにいるトトロ　　場面設定
>
> 私（の）ペン　　　　→　私の所有しているペン　　所有
>
> 先生（の）到着　　　→　先生が到着すること　　　主格

　今回の「苦しみの無意義」は上記のどれでしょうか？　今回の「の」は、「苦しみ」が「意義を持たない」という形で構成できるので、「主格」を表します。

> NOTE
>
> 苦しみの無意義　＝　苦しみが　意義を持たないこと
> 　　　　　　　　　　　　S　　　　　　V

　こうやって整理すると、ニーチェの言葉の意味がわかってきます。人間は様々な苦しみに苛まれます。苦しみに意義が感じられるならば、人は頑張れます。しかしそのような苦しみに意義が見いだせない。今回の課題文はそのような**「苦しみが意義をもたないこと」**について論じているのです。

　このように、主格の助詞を含む名詞をＳＶ関係に置き換えることを、名詞のＳＶ化といいます。英語の和訳や英作文でも必須の知識です。なお、日本語では**名詞のＳＶ化**、英作文では**ＳＶの名詞化***を行うことが多いです。

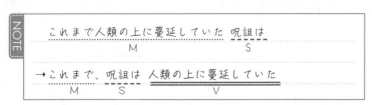

> NOTE
>
> これまで人類の上に蔓延していた　呪詛は
> 　　　　　　M　　　　　　　　　　S
>
> →これまで、呪詛は　人類の上に蔓延していた
> 　　　M　　　S　　　　　　V

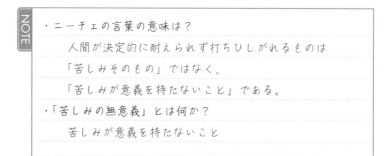

NOTE

・ニーチェの言葉の意味は？
　　人間が決定的に耐えられず打ちひしがれるものは
　　「苦しみそのもの」ではなく、
　　「苦しみが意義を持たないこと」である。
・「苦しみの無意義」とは何か？
　　苦しみが意義を持たないこと

意味がうまく取れないときには、名詞をSV化する。

6. レジュメ作成

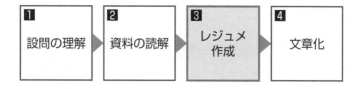

1 設問の理解	**2** 資料の読解	**3** レジュメ作成	**4** 文章化

　ここから、**3**レジュメ作成です。人々は、「苦しみの無意義」をどのように乗り越えたのでしょうか？　そもそも、人類は不条理にどのように直面し、それを克服してきたのか？　あるいは、できなかったのか？じっくりと過去の社会を観察してみます。

＊ 彼が到着する。He arrives.（SV）　→　彼の到着　his arrival（名詞）

■ 関連する問いを立てる

「苦しみが何ら意義を持たない」とは人間の<u>人生の不条理性</u>*を表しています。不条理とは、「個人の能力で抗うことができない、理不尽で悲惨な状況」です。

世の中には様々な不条理があります。自分にとって大切なものが奪われる。自分の大切な人に裏切られる。突然の病に倒れる。考えただけで気が滅入りそうですが、本書を読んでいる方の中にも、そのような厳しい経験を既にした人もいらっしゃると思います。

この問題はそんな不条理を前にして、人間はどのように生きるのかが問われています。不条理に直面したときに、われわれは一人の人間としてどのように考え、行動するのでしょうか？　ニーチェの言葉をしっかりと理解して、今ここで考え抜こうとします。

さらに現象を視覚的に「映像」として見て、関連する問いを立てる作業を重ねます。**「現代日本においてニーチェの言葉はどんな意味を持つか？」「現代日本と不条理はどのように結びつくか？」**という問いを立てます。

・現代日本においてニーチェの言葉はどんな意味を持つか？
・現代日本と不条理はどのように結びつくか？

■ 設問の理解を再確認する

「設問は神様」ですが、**１設問の理解**では「この言葉」の意味がわからず、出題の意図は掴めませんでした。しかし、**２資料の読解**で「この言葉」の意味が明確になったため、再度、出題意図を把握しなおします。

先に述べたように、この問題は 2011 年の東日本大震災の後に出題されたものです。突然の災害で自分にとって大切なものを奪われた人がたくさんいました。そのような背景から出題された問題です。

文学部的な発想の根幹には、**<u>他者への共感</u>**があります。想像力を働かせて、共感しよう、寄り添おうとすることは人間性の本質だと思います。

しかしそれを簡単なことだと思ってはいけません。自分と他人は異なる境遇で、簡単に共感などできない。共感が難しいことを前提にして、どのくらい、その感情に共感し寄り添うことができるのか？　深い洞察力が必要です。

NOTE　・現代日本と不条理はどのように結びつくか？
　　　　　東日本大震災における様々な被害

文学部的発想の基本は、他者への共感。

■ 文学部的発想を使う

　不条理に直面したときにいかに生きるべきか？　ここで文学部的な発想を用いましょう。歴史上、多くの哲学者がこの不条理について考えてきました。そのような**過酷な運命を受け入れて強く生きる**べきなのか、それとも、もはや**「人生が無意味である」ことを受け入れる**のか。皆さんはどう考えるでしょうか？

　ニーチェは運命を受け入れて、その困難を乗り越える喜びに注目すべきと主張しました。ニーチェは、自分の人生に唾を吐き、他人をやっかむのではなく、自分にとって、「よく生きる」ためには、**権力への意志**＝「自らの可能性への意志」を持つべきだと主張しました。

　人間は困難や問題にぶつかりながら、それを乗り越えたときに大きな喜びを感じます。ニーチェはこのような感覚こそが、われわれが生きる本質だと言います。99％が苦悩であったとしても、残り１％が幸福であれば、それを糧に生を肯定できる。今回の課題では、このようなニーチェの思想に触れて、議論を展開することもできます。課題に関連した部分を少し長めに引用します。

＊受験勉強なども苦しみと感じる人はいるでしょう。成績が上がらないこと、勉強を続けなければならないことは苦しいと思います。あるいは、恋愛がうまくいかないことも苦しみになります。しかし今回は、より大きな苦しみをイメージしてみます。

> 苦しみそのものが問題であったのではない。むしろ「何のために
> 苦しむか」という問いの叫びに対する答えの欠如していたことが
> 問題であった。人間は、(略) 苦しみそのものを拒否したりしない。
> 彼はそれを欲する、彼はそれを求めさえもする。もしその意義が、
> 苦しみの目的が示されるとすればだ。これまで人類の上に蔓延し
> ていた呪詛は、苦しみの無意義ということであって、苦しみその
> ものではなかった。

　他方で、キルケゴールは死によってもたらされる絶望は回避できない
として、**神という絶対的な存在** _{→p.238} を強く信じて不条理を乗り越えるべきだ
と言います。今回の論文では、実存主義を使って書くこともできます。

　また、小説家の**カミュ** _{→p.238} はキルケゴールに対して、神への逃避であると
批判しました。カミュはそもそも「私たちの人生に意味などなく、これ
からもありえない」とする立場で、**人生が無意味と受け入れる**ことが不
条理を乗り越える方法だと言います。そして不条理な運命に目を背けず
見つめ続ける反抗の態度が、人々の間で連帯を生むとします。ちょっと
難しいですが、関心がある方は『ペスト』『異邦人』などを読んでほし
いです。

　その他にも、不条理文学として名高い、**カフカ** _{→p.239} の『変身』やベケット _{→p.238}
の演劇『ゴドーを待ちながら』などを基にして、議論を進めるのも良い
でしょう。

　あと、フランクルの『夜と霧』 _{→p.238} は外せません。フランクルはウィーン
出身の心理学者でしたが、ユダヤ人であったため2年7カ月の強制収容
所生活を余儀なくされます。強制収容所では労働に適さないと判断され
た人々は殺されます。そのような状況で、人々は感情を失い、生きる
ことを放棄していきました。フランクルは、その過酷な状況で生きた人は
自分の未来を信じられた人だと言います。自分がなすべき仕事や自分を
待ってくれる人の存在で、われわれは強い希望を持てる。そして、その
希望こそが人生において最も重要と主張しました。「あなたが人生に絶

望しても、人生はあなたに絶望することはない。」

> **NOTE**
> ・現代日本においてニーチェの言葉はどんな意味を持つか？
>
> 　運命を受け入れて強く生きる（ニーチェ）
>
> 　神という絶対的な存在を信じるべき（キルケゴール）
>
> 　人生はそもそも無意味であることを受け入れる（カミュ）
>
> 　なすべき仕事や待ってくれる人のことを考え、強い希望
>
> 　を持つ（フランクル）

6
呪詛

7. 文章化

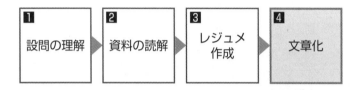

1	2	3	4
設問の理解	資料の読解	レジュメ作成	文章化

　最後に、議論を整理してレジュメを完成させたら**4 文章化**します。それぞれの情報をどの順番で並べると説得力があるのか、よく考えてください。今回も優秀論文を掲載しますので、参考にしてください。

　今回の課題は最難関レベルでした。しかし能力向上には、こういった難しい課題に立ち向かおうとする姿勢こそが重要です。少し学習が進んだら、ぜひこの課題に立ち返ってもらいたいです。

✎ 8. 添削ラボ　優秀論文・呪詛

優秀論文A

ニーチェの言葉は、人間にとっての苦しみとは苦しみそのものではなく、そこに意味を見出せないことだと解釈できる。そもそも、我々は言語を持つことにより、生や死のような実態のない観念をはじめ、日々体験する様々な出来事に対して意味を求める。そこで、苦しみに対しても何らかの意味を与えようと試みるものの、そこに意味を見出せない時、克服が困難となる。現代において、ニーチェの言葉は運命愛を受け入れる契機となりうる。新自由主義の台頭により福祉国家が弱体化した現在、我々の人生における自己決定可能性は縮小し、常に予測不可能なリスクに晒されることとなった。この状況下で、無意義な苦しみに突如として個人が苛まれることにより、彼らは人間や世界の意義を否定するニヒリズム的思考に陥りやすい。しかし、いかなる境遇でも自己の運命を肯定する運命愛を持つことにより、苦しみに囚われることなく、生を意味あるものとして実感できる。

ニーチェの「運命愛」をベースに議論を展開しています。「苦しみの無意義」として、「新自由主義の台頭による福祉国家の弱体化」を挙げていますが、やや説明不足です。また、後半に重複があります。

優秀論文B

ニーチェの言葉は、人間の真の苦しみとは、苦しみそのものではなく、苦しみに意味を見いだせないことと解釈できる。人間は自分の存在や仕事など、あらゆるものに意味を求める。我々は苦しみに意義を感じられれば、その状況に耐えられる。しかし、意義を見出せないとき、自らの不条理に打ちひしがれる。その時、不条理を超えた何かを妄信するのか、それとも不条理を受け入れるのか。人々は常に悩み続けてきた。現代日本でも、震災などの災害が頻発し、人々が苦しみの無意義に苛まれ、自らの命を絶つこともある。もしかすると、人間が言葉を獲得したことが、実は苦しみの根源かもしれない。しかし、そのような苦しみから人間を救い出すのも言葉である。カミュの『ペスト』や『異邦人』、カフカの『変身』など、第二次大戦時には多くの不条理文学が生み出され、人々の生きる糧となった。多くの小説、映画、音楽はこれからも大きな役割を担っていく。

「苦しみの無意義」の理解に不条理文学が役立つと示しています。中盤でキルケゴールやカミュなどと思われる議論もあり、関心の高さを感じます。また、不条理の根源に「言葉」という存在があるのではないかと示しながら、その「言葉」によって人間が救われるという側面にも言及しています。

マラソンにはまる

　私は以前毎日の生活が忙しく、スポーツができない状況が続いていました。しかし、最近は積極的にスポーツを取り入れています。

　まず突然はまったのはマラソンでした。私は特に理由もなく突然ランニングがしたくなり、およそ1年後に開催されるホノルルマラソンへの出場を決めたのです。当時私は体重がかなり増加しており、おそらく90kg近くあったと思います。マラソンでは体重が重要なので、まずは徹底的に減量しようと考えたのです。

　早速走ってみると、ほんの少し歩いただけで嫌になる。すぐスマホを見たくなる。最初はそんなものです。しかし凝り性かつ勤勉な性格なので、毎日歩くところからスタートして1カ月ほどで次第に走れるようになりました。体重は70kg台になり、60kg台になり、最終的には56kgまで減少しました。多くの友人たちは私が重病にかかったと思ったようです。しかし私はただ毎日カレーを食べて走っていただけでした（カレーにも凝っていた）。

　走ることも継続するうちに楽しくなってきます。最初は3kmくらい走れば十分でしたが、そのうち1日20km走るようになり、毎日走らないと何か物足りないと感じるようになっていったのです。そして、翌年の12月ホノルルマラソンでは、最初のフルマラソンでしたが3時間40分という好タイムを記録することができました。

　最近はピラティスにはまっています。こちらも熱心に取り組んでいます。スポーツは良質な睡眠を生み、さらには充実した生活にもつながります。実際に集中力や記憶力などもスポーツを取り入れた方が伸びやすいとの研究もあるようです。

　受験生の皆さんはなかなか時間が取れないと思いますが、ウォーキングなどでもかなり効果は高いものです。1日8,000歩程度歩けば適度に疲労してすっきりと眠れるようになりますので、ぜひ試してみてください。

Chapter 7

社会を成す

パラグラフの基本構造を解説したうえで、人間の理性について考えます。なぜ、われわれはヘイトスピーチをしている人にその場で反対することはないのでしょうか？

社会を成す

1. パラグラフの基本構造

　今回はパラグラフの基本構造についてお話しします。

　パラグラフを構成する場合、おおむね4～5つのセンテンスを使います。どの順番でどの情報を並べるのか。そこにもやはり原則があります。パラグラフの基本構造を理解するうえで重要なのは**言い換え**です。筆者は、まず第一文で、自分が伝えたい「新情報」を提示します。これを本書では「核心」といいます。そのうえで、第二文以降にその内容説明や理由説明を続けます。さらに必要があればその後、具体例を続けることもあります。

　筆者が伝えたい内容が「**核心**」→「**説明**」→「**具体例**」と言い換えられていく。これが基本的なパラグラフの構成です。ちょっと例を挙げてみます。

　「友達が自分に話しかけてくる」という場面を想像してください。久しぶりに会った中学校時代の友人。彼女はいきなり「今日ものすごいことが起きた」と言って、そこからしばらく沈黙します。その後「バイバーイ」と言って去っていった。

　どうでしょうか？　とても不安な気持ちになりますよね。なぜ不安な気持ちになるのか。それは、新情報（核心）が提示されただけで、その内容説明や理由説明が一切語られなかったからです。話し言葉でも書き言葉でも、コミュニケーションは言い換えが基本なのです。

■ パラグラフの基本構造

パラグラフの原則、「核心→説明→具体例」は極めて重要ですので、ポイントを説明します。「核心」では、これから提示する「新情報」を端的に示します。何が「新情報」なのかを明確に絞ることが重要です。核心はパラグラフにおいて、**行先を示す地図（map）**のような役割をします。

次に続くのが「説明」です。「核心」の後には必ず「説明」が続きます。文章を書く際には強く意識してください。「新情報」を提示するだけで終わってはいけません。「説明」には**内容説明**と**理由説明**があり、通常いくつかのセンテンスで構成されます。原則的に**前提・切りかえし・まとめ**と書いていきます。

> 今日ものすごいことが起きた。
> 自分の部屋を掃除していたら 10 万円が見つかった。
> （核心→内容説明）
>
> 私はてりやきチキンバーガーが好きだ。
> 炭火で焼いたチキンと甘いてりやきソースのバランスが
> 最高だ。
> （核心→理由説明）

書くときのポイントは、**分ける・並べる・つなげる**ことです。それぞれのセンテンスに異なる役割を与え、それらを適切に並べ、接続詞などでつなげます。並べ方には色々なバリエーションがありますが、典型的なものを 2 つ紹介します。

　　　　パラグラフの基本構造は、核心→説明→具体例。

■ **時間軸で分ける**

まずは、時間軸の変化を使って説明するパターンです。例を見てみましょう。

---

1. 「国際政治」の始まりは1648年のウェストファリア
   条約である。
2. （そもそも）三十年戦争ではプロテスタントとカトリック
   の対立が激化し、ドイツの人口が4分の1になったとい
   われるなど大きな被害が出た。
3. （しかし）その反省から、相互の領土を尊重し、内政干渉
   を控える新たな条約が締結された。
4. 以後、現在に至るまで主権国家体制は維持され、
   国際社会の基本原則となっている。

第一文には、「国際政治の始まり＝ウェストファリア条約」（核心）という内容を置きました。この後、**前提・切りかえし・まとめ**と続きます。時間軸で分けるパターンは、第三文に、「中心となる事件」を置いて構成します。今回の場合は第一文のウェストファリア条約の内容説明を「相互の領土を尊重し、内政干渉を控える新たな条約」と加えています。

次に、第二文には、その「事件の前」の状況を提示します。第二文と第三文は対比的に表すことが多く、「そもそも、しかし」などの構文※もよく使われます。そこで、三十年戦争の状況を書きました。

そして、第四文では、「事件後の影響」を書きます。今回は現在までの影響を書いています。この事件後の部分が「まとめ」の役割をします。1つのツールに過ぎませんが、便利です。**事件前・事件・影響**と構成します。

時間軸で分ける際には、事件前・事件・影響と書く。

■ 空間軸で分ける

次に空間軸です。こちらも例を示します。

> 1. 人間が眠るのは、脳の疲労を回復させるためである。
> 2. （そもそも）脳内にたまった老廃物は睡眠中に排出され、脳が修復される。
> 3. また、睡眠は脳の情報処理にも役立ち、脳が情報を整理し、記憶を定着させられるようになる。
> 4. このように、睡眠は人間の健康と機能を維持するために不可欠なものといえる。

第一文に、「人間が眠る理由＝脳の疲労を回復させるため」（新情報）を置きました。空間軸で分ける場合は、いくつか**異なる側面**を提示します。「日本では」「米国では」のように明確に空間を分ける場合もありますが、「肉体的変化」「精神的変化」など視点が変化する場合もあります。ここでは、**前提・列挙・まとめ**の形になります。第四文に、まとめとなる内容を置くのは時間軸のパターンと同じです。

今回は、第二文に老廃物の排出、第三文に情報処理、第四文に健康との関わり、と異なる側面を並べました。第四文は、**全体をまとめる役割**も果たします。**側面①・側面②・影響**と構成します。レジュメ作成でもぜひ使ってみてください。

空間軸で分ける際には、側面①・側面②・影響と書く。

＊ 小論文では、原理原則に立ち返って、現象を観察・分析した結果を書くので、「そもそも」という言葉は非常に使いやすい表現です。なお、「でも」は弁明する意味合いがある、やや口語的な表現なので、小論文では原則的に用いません。

2. 文章化の注意点

　アカデミック*な論文を書くうえで最低限守ってほしい、文章化の注意点をいくつか説明します。

■ 重要事項①

　第一に、課題文の**用語を正確に用いる**ことです。課題文で使用されている用語には、それぞれ固有の意味があり、それを勝手に言い換えるのは筆者に対する冒涜です。課題文に敬意を示して、できるだけ同じ表現を使用します。ただし、引用する際にはセンテンスを丸々引用することが求められるわけではありません。表現が冗長な場合は適切にカットして用います。

■ 重要事項②

　第二に、**必要な情報をしっかりと盛り込む**ことです。受験生の書く答案は、たいてい情報量が少なすぎます。高得点を取るためには必要な情報をしっかりと盛り込む必要があります。そのためには、無駄な部分を徹底的にカットします。

　まずは重複と冗長表現をカットしましょう。原則的に１つのセンテンスで同じ単語は１つしか使わないと思ってください。また、「食べることができる」を「食べられる」にするなど、冗長な送り仮名をカットします。受験生がよく使用するものとしては、**「こと、もの、ため、ように、よって、という、ている、ていく、しまう」**などがあります。これらを削って漢字使用率をある程度高くすることが重要です。

食べることができる	→	食べられる
読めるようになれば	→	読めれば
今問題となっているのは	→	今問題なのは
政策を実行していく必要がある	→	政策を実行する必要がある
文章を書いてしまう	→	文章を書く

アカデミックな文章における漢字使用率の目安は35%前後です。30%を切ると、かなり緩い文章になります。

また、「文章を書くこと（×事）」の「こと」や「正しいもの（×物）」の「もの」は形式名詞といわれ、平仮名で表記します。また、「読みなおす（×直す）」の「なおす」（補助動詞）、「または（×又は）」、「したがって（×従って）」（接続詞）なども平仮名が原則です。これらは「漢字をひらく」と言われ、漢字をあえて平仮名で表記してわかりやすくする働きがあります。

■ 重要事項③

第三に、**きれいなセンテンス構造を用いる**ことです。センテンスはＭＳＶをバランスよく配置します。ＭやＳが長すぎると読みにくいので、それぞれ適切な長さに調整してください。長い修飾語が２つある場合や、主語が長すぎる場合には、センテンスをいくつかに分けます。

> 遺伝子操作によって生み出された、非常に高い生産性を持つトマトは、農業生産に革命的な変化をもたらした。
>
> ※二つの修飾語がトマトにかかっている
>
> → そのトマトは遺伝子操作によって生み出された。非常に生産性が高く、農業生産に革命的な変化をもたらした。

**長い修飾語が２つある場合や、主語が長すぎる場合には、
センテンスをいくつかに分ける。**

＊ アカデミック … 学問上の知識と高い見識に基づき、学問としての作法にのっとっている有様。

✎ 3. 添削ラボ　社会を成す

今回の課題は、制限時間 60 分、制限字数 320 字以上 400 字以内です。

　次の文章を参考にして、「社会を成す」とはどのようなことか、あなたの考えを述べなさい。（320 字以上 400 字以内）

　例えば、ヘイトスピーチ。とりわけ今日世間を賑わしている、特定の国民や民族をまとめて「〇〇人を殺せ」などと叫びつつ、排他的憎悪を剥き出しにしてデモ行進するような言動のことだ。
　　　　　　　（中略）
　実際のところ、ヘイトスピーチに現れているもの、それは、「我々が同じ人間・個人として共に生きる」という現実の否定、「社会を成す」ということそのものの否定だ。それは「日本社会」をほとんど全否定することだ。にもかかわらず、他国で見られるヘイトスピーチへの激しい反応は日本では見られない。どうもこの「社会を成す」ということの意味が、その社会的な本質が、日本では理解されていないようだ。だからこそ、つとに指摘される通り、日本人は他の先進国の人々に比べてずっとこうした社会的差別・社会的排除に「寛容」なのだろう。こう考えてくると、やはり日本に人間社会は成立していないように思えてくる。日本人にとって差別など所詮「他人事」なのだ。
　　（菊谷和宏『「社　会」のない国、日本——ドレフュス事件・
　　　大逆事件と荷風の悲嘆』〔講談社、2015 年〕より）

（慶應義塾大学文学部　自主応募制による推薦入学者選考）

　高校生が書いた答案例と、それに対するポイントを確認し、思考を深めていきます。

答案例（1）

筆者は社会的差別や排除に寛容である現代の日本社会について、社会を成していない、という。そもそも、社会とは異なる境遇で生きる人々が作る一つの共同体である。そのため、社会を成すためには自分と異なる他者やマイノリティの存在に気付き多様な価値観を認める態度が大切である。ヘイトスピーチの他に、社会的差別や排除を示す例として「男らしい」「女らしい」といった言葉による不当なラベリングを挙げる。人間は自らの選択により自己実現を目指せるにも関わらず、これらの言葉は明確に2種類の性に分け、当てはまらない人々の行動を制限してしまう。このように、多様性の理解が欠如した言動は少数派の人々を排除し社会を分断する危険性がある。しかし、そうした問題を防ぐための言語統制は表現の自由を侵害するおそれがあるため、難しさが伴う。したがって、異なる属性の人々を各人が理解しようとする姿勢が多様な社会を作る。

社会を成す

POINT

☐ 筆者の見解をまとめたうえで、「男らしい」「女らしい」という言葉によるラベリングを問題として挙げている。ただしその説明はやや不十分。

☐ 多くの部分が課題文の内容と重複しており、そこから発展した内容はほぼない。もっと深い内容を論じることはできないだろうか？

答案例（2）

社会をなすとは、社会の構成員誰しもが互いの存在を認め合える社会を、共に構想できることをいう。そもそも、男女平等や、障害者、性的少数者、外国人、被差別部落出身者らの人権保護が謳われるなかで、我々の中に特定の他者を排除する考えがいけないという認識は広まっている。しかし、社会的差別・社会的排除に相当する営みは、依然として存在し、なかなか解消されていないのが現状である。右翼団体を中心として行われるヘイトスピーチにおいても、「共に生きる」という我々の理想は前提にはされていない。いくら愛国心から起きる、日本を守るための行動であっても、文化的他者を排除しようとする営みは正当化し得ない。故に、我々はマジョリティとしての特権を自覚し、よりよい社会をつくる先導者となっていかなければならない。よって我々は、個々人が当事者意識をもち、違いで生じる軋轢に耐え、互いの異質性に価値を見出し自他の尊厳を守っていくべきだ。

POINT

□ 課題文の内容をまとめたうえで、ヘイトスピーチの例を挙げ、自他の尊厳が必要であるとまとめている。課題文の内容から発展が乏しい。どう議論すればよいだろうか？

□ 日本語表現にやや問題がある。「いけない」は口語表現。「故に」は漢字を開いて「ゆえに」。「なっていかなければならない」は冗長表現。全般的にやや読点が多い。

4. 設問の理解

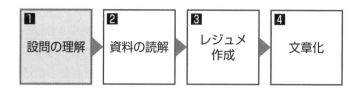

今回も**1設問の理解**から進めます。制限字数は 400 字なので 7 つの箱を作り、何を入れるか考えていきます。

■ 「〜とは何か」という問い

今回の課題で注目すべきは、**「〜とはどのようなことか」**という表現です。小論文ではしばしば「〜とは何か」という形で問いが組み立てられます。一見簡単そうに見えますが、ちょっと注意が必要です。

たとえば、皆さんが「エコーチェンバーとは何か？」「蛙化_{かえる}現象とは何か？」*などと問われた場合、その内容を説明することが求められています。「〜とは何か」と聞かれた際には内容説明が問われている。これが一般的なパターンです。

ところが、「〜とは何か」という表現にはもう 1 つパターンがあります。次の例で考えてみましょう。

独り暮らしをしている男の子の部屋に、彼女がやってきます。彼女はその男の子の浮気を疑っている。そこで彼女は聞きます。

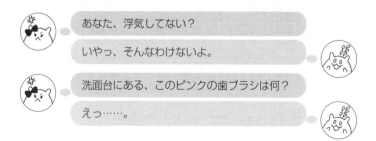

あなた、浮気してない？

いやっ、そんなわけないよ。

洗面台にある、このピンクの歯ブラシは何？

えっ……。

---

* エコーチェンバーとは、自分と似た価値観の人々と SNS や掲示板などで交流することで特定の意見や思想が増幅する現象。蛙化現象とは、好意を抱く相手が自分に好意を持っているとわかると、その相手に対して嫌悪感を持つようになる現象。

　「このピンクの歯ブラシは何？」という問いで、彼女は歯ブラシの内容説明を聞きたいわけではありませんよね。彼氏がこのときに「歯の表面に付着したプラークを取り除くための、ハケ状の清掃具」などと答えるとしたら、趣旨を全く汲み取れていないことになります。もちろん、歯ブラシの商品名やメーカーなどを聞きたいわけでもないでしょう。

　それでは、この問いは何を聞いているのか？　それは、ここにピンクの歯ブラシがあることの理由説明のはずです。「ここにピンクの歯ブラシがあるのはなぜ？」「ここに歯ブラシがあるってことは、やはり浮気したのではないか？」このように、**「〜とは何か」という問いは、理由や意味が問われる場合があります**。

「このピンクの歯ブラシは何？」

　＝このピンクの歯ブラシはなぜここにあるの？（理由）

　ということは、何があったの？（意味）

　なお、課題の設問は「〜はどのようなことか」ですが、この場合も、内容説明と理由説明が問われていると考えてください。

「〜とは何か」という問いでは、
理由や意味が問われることもある。

■ 解答の要素を確認する

　今回の課題は「社会を成す」ことの内容説明をするわけではありません。「社会を成す」ことがなぜ必要なのか？　その理由や意味こそが最も重要なのです。ここで、関連する問いを立てる作業をやってみましょう。

　「課題文の『社会を成す』とはどのような内容か？」「『社会を成す』ことはなぜ必要か？」という問い以外に、「設問は神様である」ことを思い出して、そもそも**「なぜ、この問題が出題されたのか？」**を考えて

おきたいです。この問題は 2016 年に出題されており、アメリカ大統領選挙などで社会的分断が大きく話題になっていました。これは「社会的分断はなぜ問題なのか?」が問われた、本質的な問題といえます。

・課題文の「社会を成す」とはどのような内容か?

・「社会を成す」ことはなぜ必要か?

・なぜ、この問題が出題されたのか?

　　米国における社会的分断の発生

5. 資料の読解

それでは、**2資料の読解**です。

　例えば、ヘイトスピーチ。とりわけ今日世間を賑わしている、特定の国民や民族をまとめて「○○人を殺せ」などと叫びつつ、排他的憎悪を剥き出しにしてデモ行進するような言動のことだ。
　　（中略）
　実際のところ、ヘイトスピーチに現れているもの、それは、「我々が同じ人間・個人として共に生きる」という現実の否定、「社会を成す」ということそのものの否定だ。それは「日本社会」をほとんど全否定することだ。にもかかわらず、他国で見られるヘイトスピーチへの激しい反応は日本では見られない。どうもこの「社

会を成す」ということの意味が、その社会的な本質が、日本では理解されていないようだ。だからこそ、つとに指摘される通り、日本人は他の先進国の人々に比べてずっとこうした社会的差別・社会的排除に「寛容」なのだろう。こう考えてくると、やはり日本に人間社会は成立していないように思えてくる。日本人にとって差別など所詮「他人事」なのだ。

　内容は非常にクリアです。筆者は「社会を成す」という言葉は「異なる背景を持つ人間がお互いを認め、共に生きるために努力すること」だとします＊。日本社会には様々な国籍や文化背景を持つ人々が生活しています。それぞれが異なる立場にあり、またそれぞれが悩みを持ちながらも共に生きているのです。

　しかし「日本社会」では、「特定の国民や民族」に対するヘイトスピーチへの批判は不十分です。眉をひそめるだけで大っぴらに批判しない。そのようにわれわれが社会的差別や排除に強く反対しなければ、社会はどうなるのでしょうか？　筆者は、**差別や排除への黙認は結果的にヘイトスピーチに「寛容」な状況を作り出す**と主張しているのでしょう。

　筆者はわざわざ「日本社会」という単語にカギカッコをつけています。これは「日本社会」といいながらも、社会として成立してないことを表しています。先ほど立てた関連する問いに答えを入れて先に進むことにします。

　・課題文の「社会を成す」とはどのような内容か？
　　異なる背景を持つ人間がお互いを認め、共に生きる
　　ために努力すること
　・「社会を成す」ことはなぜ必要か？
　・なぜ、この問題が出題されたのか？
　　米国における社会的分断の発生

6. レジュメ作成

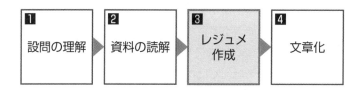

■1	■2	■3	■4
設問の理解	資料の読解	レジュメ作成	文章化

　ここから**■3レジュメ作成**です。ここでは逆の側面から考えて、そもそも「**なぜ、われわれは『社会を成す』ことができないのか？**」という問いを立てます。

■ 原因構造から考える

　われわれは自らの存在を規定する際に、誰かとの共通性を求めます。「日本人」であるとか「大阪出身」であるとか、男性であるとか一人っ子だとか「○○大学出身」とか、これらはすべて、「自分自身である」ことを確証する１つの裏付けでもあります。

　しかしこれら共通性は、すべて差異と隣り合わせです。「日本人」であることは中国人や米国人ではないことを指します。「大阪出身」は他の都道府県出身ではないことを指します。しかもそういった共通性ですら、幾重もの差異が織り込まれています。「港区女子」などといわれるように、東京でもそれぞれの区や市で差異があり、差別意識もあります。台湾では 1945 年以前から台湾にいたかで「本省人」「外省人」と区分けします。われわれは様々な面でそれぞれが異なる存在なのです。

　われわれが社会で生きるうえでは、これら差異を前提にしながらも共に生きることを決断し、努力することが求められます。しかし残念ながら、われわれは皆が共に生きていることを忘れ、他者を差別し排除する動きもしばしば生まれます。

　私立大学の文系出身者を「私文」などと呼んで差別する。高卒や中卒

＊ 書名の「社会」という単語にルビが振られている、コンヴィヴィアリテ（イ）という言葉は、イヴァン・イリイチが提唱した概念で、落合陽一氏などが使って近年注目されています。

の人を見下したり、あるいは未婚の人々に対して「人格に問題がある」などと言ったりする。そして、外国人に対して恐怖心や嫌悪感を持つのもまさにそういった例に他なりません。

　あなたがそのような発言を聞いて、猛然と怒りを表明しないのはなぜでしょうか？　「友達との関係やその場の空気を重視して、何も言わなかった」そのことを筆者は強く批判するはずです。こういった発言を冗談として聞き流すことは、やはり差別や排他性を許容する社会を作ることになるのでしょう。小論文では自分が批判されていると思って、考えることも重要です。

　今回筆者が批判しているのは、**自分たちを集団の外側において傍観する態度**です。筆者は、われわれが１つの社会を成しているという感覚を十分に持ってないと批判します。ヘイトスピーチにかかわらず、そのようなケースはよくあるはずです。批判されているのはむしろ、あなた（わたし）自身なのです。

NOTE

・「社会を成す」ことはなぜ必要か？
　　社会とは他者が共に生きることが前提だから
・なぜ、われわれは「社会を成す」ことができないのか？
　　われわれが他者との共通性を求めるとともに、
　　それ以外への排他性を持つから
・なぜ、人々はヘイトスピーチに反対しないのか？
　　自分の身を守るため
・反対しないことにどんな問題があるのか？
　　誰かを傷つける社会、ヘイトスピーチに寛容な社会が
　　複製される

自分が批判されていると思って、考えてみる。

■ 対立する主張を考える

　日本は自由な国なのだから、ヘイトスピーチといえども**表現の自由**が保障されるべきと考える人もいるでしょう。寛容な社会を作るためには、ヘイトスピーチのような不寛容さに対しても、ある程度寛容であるべきとの考えもあります。

　このような考え方に再反論はできるでしょうか？　これは重要な哲学的問いです。哲学者ポパーは『開かれた社会とその敵』において、**際限なき寛容は寛容自らを滅ぼす**として、**寛容のパラドックス**を指摘します。ヘイトスピーチのような不寛容な態度を許していけば、寛容な社会は崩壊します。われわれが寛容な社会を守るためには、あえて**「不寛容に対しては不寛容」**という厳しい態度をとる必要がある。不寛容や迫害を説くいかなる扇動に対しても、徹底的に不寛容でなければならないとポパーは主張するのです*。

> NOTE
>
> ・ヘイトスピーチを擁護する議論は何か？
>
> 　日本には表現の自由があるはず
>
> →その再反論は？
>
> 　寛容な社会を作るためには、
>
> 　不寛容に対して不寛容であるべき（ポパー）

■ 場面設定を変える

　ヘイトスピーチと同じような現象は他のテーマでも見られます。社会で生きる人々を分断して、一部の人々に負担を押し付けようとする。**「同様の事例は他に何があるか？」**と問いを立てます。

　典型的なのは、格差社会の議論でよく見られる弱者切り捨てや**自己責任論**です。それぞれの行動の責任は原則的に自分自身でとるべきという考え方は、弱者を社会的に孤立させる要因にもなります。はたして、そ

＊ 他方で、渡辺一夫はポパーとは全く逆の結論を導いています。彼は「寛容の武器としては説得と自己反省」しかなく「常に無力であり、敗れ去る」が、不寛容に報いるのに不寛容となることは「寛容の自殺」と主張します。

れでいいのでしょうか？

　身近な例で考えてみましょう。たとえば、親が病気で働くことができ
ず、自分がアルバイトで働きながら、家族の世話をしなければならない。
そのような状況にある子どももいます。彼らは**ヤングケアラー**＊と呼ば
れ、きょうだいの世話や親の介護などの重荷を背負いながら、日々の生
活を営まざるをえません。自分が生まれ育った環境が、自分自身の人生
を大きく決定づけてしまう。そのような状況は**親ガチャ**と呼ばれます。

　資本主義社会なので、機会が平等であれば、結果は平等でなくてもい
いのではないか。頑張った人が成果を得る社会こそが公正な社会である。

　そのような考え方は一般的だと思います。政府の関与を少なくして、
規制緩和による市場競争を重視したこの考え方は**新自由主義**と呼ばれて
おり、近年入試でも非常によく出題されます。しかし、現代社会において、
本当に機会の平等は果たされているのでしょうか？　Chapter 1 でも
皆さんに問いました。

　この点については、ぜひサンデルの『実力も運のうち──能力主義は
正義か？』を読んでほしいです。近年最もよく出題される典型的なテー
マの１つです。
→p.239

　資本主義社会は競争で成り立っています。たしかにそれはそうですが、
機会の平等が完全には確保できない中、われわれはどのように社会を構
築していくべきなのでしょうか。

　「探究」では、他者の立場に立つことは極めて重要です。能力が高い
人もいれば、そうではない人もいる。それぞれが異なる境遇にある。そ
んな中でどんな社会を作るのが良いのでしょうか。難しいですが、じっ
くり考えたいですね。

NOTE

・同様の事例は他にあるか？

　　自己責任論（ヤングケアラー、親ガチャ、新自由主義）

■ 「探究」について

　高校の「総合的な学習（探究）の時間」の学習指導要領では、探究の
プロセスとして、①課題の設定、②情報の収集、③整理・分析、④まと
め・表現 が紹介されています。これは本書で解説してきた「論文作成
のプロセス」と共通する点が多く、小論文の学習を進めていくうえでも
極めて参考になります。

　文部科学省の資料によると、探究では自らが課題を発見し、問題を解
決する主体となることが期待されています。自らが問題発見・解決の主
体となる。そのような当事者意識は小論文を書くうえでは必須です。

　さらに、対話で議論を深めていく過程も、探究と小論文で共通性があ
ります。ただし小論文の場合は自分一人で問いを立てて、反論を想定し
て議論を深めていく点は難しさがあるといえるでしょう。

　また、Chapter 9 で紹介しますが、図表問題などを扱うことが多い
のも共通点といえます。高校で探究の授業に臨む際には、それが小論文
にも役立つという意識を持っていただければと思います。

7. 文章化

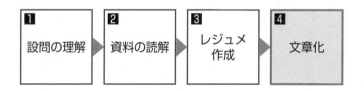

　最後は、④文章化です。今回も優秀論文を掲載します。

＊ ヤングケアラー … 本来大人が担うと想定されている家事や家族の世話などを日常的に
　行っている子ども。

8. 添削ラボ　優秀論文・社会を成す

優秀論文A

筆者は、日本では「社会を成す」ということの社会的な本質が理解されていないと指摘する。そのため、日本人は社会的な差別や排除を他人事として捉え、他の先進国の人々よりもずっと差別に寛容であるという。「社会を成す」とは、あらゆる人が社会を構成する存在であることを認め、多様性を維持するために個人が積極的に行動することである。フロムの『自由からの逃走』にあるように、社会とは各々の個性や価値観により形成されるため、特定の属性に縛られない全ての人がその構成員となる。したがって、差別など一部の人の個性や存在が否定された時は、周囲の人が声を上げ、社会のもつ多様性を維持する必要がある。しかし近年、多様性が重視されるあまり、「人それぞれ」といった価値観が蔓延し、他者への無関心な態度が生じている。この状態から抜け出し、多様な人の存在からなる社会を各人が進んで維持する積極的態度を持つべきである。

> エーリッヒ・フロム『自由からの逃走』の例を挙げて議論を進めています。全般的にはよく書けていますが、接続詞や「ため」の使い方がやや雑です。人々がなぜ「積極的に行動」できていないのか。その点についての言及が少ないです。

優秀論文B

筆者は、社会的差別や排除に寛容な日本の状況に対して、我々が「同じ人間・個人として共に生きる」という現実の否定と論じる。異なる立場や状況の人々を拒絶し「日本社会」を否定するのは、ヘイトスピーチに留まらない。新自由主義において、「自己責任」の名の下に「弱者」が切り捨てられる社会。沈黙は金とされ、空気を読むことが求められる社会において、不寛容さを黙認することが、社会的分断をさらに加速させている。そのような状況で、「社会を成す」には、不寛容に徹底的に抗うことが求められる。カール・ポパーが『開かれた社会』で言うように、我々が「不寛容なものにまで寛容であろうとすると、寛容な人々も寛容な社会も彼らに滅ぼされる」ことになる。ヘイトスピーチなど、危険なことや不愉快なことに巻き込まれる不安がある中で、一人一人が意志を持って抗うことでしか社会を成すことはできない。そして、その意志が新しい社会を創り出していく。

カール・ポパー『開かれた社会』を使い、うまく論証できています。日本社会の文化的特性が社会的分断を加速させることが論じられていて、その点が優れています。

授業で気をつけていること

外山滋比古さんの『思考の整理学』という本をご存じでしょうか？
この本は東大や京大の生協で最も売れる本として紹介され、大ベストセラーになっています。この本は一見するといわゆる「How to 本」かと思いますが、その趣旨は全く違います。外山氏は次のように説明します。

現代の学校は、受動的に知識を得るグライダー人間をつくるには適しているが、自分でものごとを発明、発見する飛行機人間を育てる努力はほとんどできていない。

学校はどうしても教師の言うことをよくきくグライダーに好意を持ち、そうではないものを欠陥あり、ときめつける。

しかし、人間らしく生きる、つまり、創造的に、独創的に生きる、本当の人間を育てる教育を実践するためには、教える側が創造的でなければならない。グライダー訓練を専門にしてきた学校が、はたして創造性を教えられるか疑問である。

私が高校生の頃から、詰め込み型の受験勉強が批判され、教育改革の必要性が叫ばれて続けてきました。学生たちの創造性を育むためには、どう教えればよいのでしょうか？

私が重要だと思っているのは、**すぐに解答を「教えない」**ことです。重要なのは解答までの過程をどのように演出し、導いていくかです。問題が難しすぎれば、学生には思考する糸口すら掴めません。適切にヒントを与え、プレゼントの箱を少しずつ開いていくように、授業を展開していく。そして、学生がじっくり考えて、問題を解く喜びを感じてもらう。それが、教える側の仕事だと思っています。

本来、考えることは楽しいことです。文章を読解する楽しさ。現象を観察・分析する楽しさ。そして、1つの作品を作り上げる楽しさ。皆さんにそんな楽しさを感じていただけるように、日々精進しています。

Chapter
8

国家はなぜ存在するのか

学問的センスの磨き方を解説したうえで、な
ぜ世界には様々な国が存在するのかという国
際関係論の超頻出テーマを扱います。

Chapter 8

国家はなぜ存在するのか

1. 学問的センスを磨く

小論文では総合的な能力が問われます。

①難解なテキストを正確に読解する能力

②**専門分野に即した知的関心や知識を運用して**
高度な観察・分析をする能力

③それらを適切に整理して

自分の考えをわかりやすく説得的に書く能力

受験生にはこれらの能力が必要です。それらが総合的に組み合わさり、初めて1つの作品を仕上げられます。

今回お話しするのは②の部分です。多くの受験生は、小論文という科目を読書感想文や修学旅行の紀行文などのエッセイ*と同じように考えています。「自分の体験に引き寄せて、生き生きとした文章を書くべき」「自分自身のオリジナリティが何よりも重要」たしかに、国語の作文ではそのような能力は重要でしょう。しかし、小論文はエッセイとは異なります。出題される内容はそれぞれの学問と深く関わります。

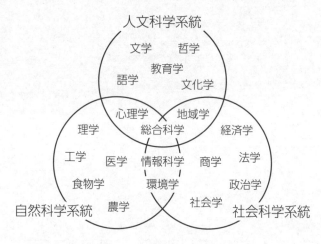

法学部であれば法律学や政治学、文学部であれば哲学・歴史学・文学、環境情報学部であれば建築学や情報学などのテーマが出題されます。同じ法学部でも大学によって出題は大きく異なり、どのような問題が出るかは**大学・学部の理念や学問そのもの**と深く関わっています。さらに設問も大学・学部の威信を懸けた「学問の根幹に関わる重要な問い」であり、直接的に「大学進学後に志望学部で研究するセンスがあるか」が問われます。

したがって、受験生に学問的な素養が十分になければ、課題文が読めない、設問の趣旨がわからない、観察・分析ができない、といった状況になり、全くお手上げになるのです。今回のテーマは、「学問的センスとは何か？」「どうやってそのセンスを育むのか？」です。

小論文とエッセイは全く異なる。

■ 法学部のテーマ

今回は法学部に即してお話しします。法学部で出題されるのは「法律や政治が関係するテーマ」だと漠然と考える方も多いと思います。しかし、与党の評価がどうだとか、内閣の不祥事がどうだとか、ニュースでよく見る政治テーマは全く出題されません。なぜでしょうか？

それは、法学部で出題されるのは共通して、この分野の最も根幹部分といえる**政治哲学・法哲学（基礎法学）**に深く関わるテーマだからです。そもそも政治や法律とはどのようなものなのか？　憲法や民主主義はどのように誕生し、変容してきたのか？　思想・良心の自由はなぜ必要なのか？　民主主義はなぜ重要なのか？　政治哲学・法哲学ではそのような根源が問われるのです。次の問題を見てください。

＊ エッセイ … 形式にとらわれず、個人的観点から物事を論じた散文。また、意の趣くままに感想・見聞などをまとめた文章。

> 今年 10 歳になる姪っ子があなたに質問してきました。「民主主義
> のどこが望ましいの？」
> 彼女に理解できるように、400 字程度で説明してあげてください。
> 文体は必ずしも話し言葉にする必要はありません。

（慶應義塾大学法学部　FIT 入試〔B 方式〕）

　日本は民主主義を採用しており、民主主義が素晴らしいと考えています。しかし、その**素晴らしさの本質**とは何なのでしょうか？　われわれに選挙権があることだけが民主主義の要素ではありません。その本質をじっくりと考えて答えを出す。法学部では、そんな問題が度々出題されるのです。

法学部のテーマは、政治哲学・法哲学が関わる。

■ 出題意図がわかりづらい問題

　ただし、法学部の問題だからといって、その出題意図がすぐわかる問題ばかりではありません。次の問題を見てください。

> 来年 1 月 1 日から人類が鳥のように空を飛べるようになると仮定
> します。現在の法律および社会通念は人が空を自由に飛ぶことを
> 前提としていないため、さまざまな混乱が生じると考えられます。
> どのような問題が起こるかを予測し、その解決策とあわせて 400
> 字程度で述べてください。

（慶應義塾大学法学部　FIT 入試〔B 方式〕）

　一見突拍子もない設定に見えますが、「人類が空を飛ぶ」ようになった場合に、人々の自由をどのように考え、またそれをどう調整すべきかを考えさせる良問です。出題の背景に、**ドローンなど科学技術の発展とそれに対応する法制度の変化**があることは言うまでもありません。

学問的な内容からのアプローチは法学部以外でも重要です。たとえ自分の志望学部と関係がないテーマに思えたとしても「設問は神様である」と思って、その出題意図を探る努力が重要です。

学問的センスを発揮して、出題意図を探る。

■ 学問的センスの到達点

　次は、口頭試問の問題を見てみます。この入試はなかなかハードなのですが、皆さんも試験会場の様子を想像してみましょう。

　あなたがノックして教室に入ると、大学教員が2名椅子に座っています。あなたが椅子に着席したところで、教員から問題が読み上げられます。もちろん事前にどんな問題が出題されるかは公表されていません。さっそく解答を考えてみてください。

> 臓器移植に関する問題についてうかがいます。現在の法律では、移植のために自分の臓器を売ることは禁じられています。しかし、現状では多くの人が臓器移植を待っているにもかかわらず、臓器を提供する人の数はわずかです。そのため、本人の自由な意思に基づいて臓器を売ることは認め、移植用臓器の供給量を増やすべきだという意見があります。あなたは、この意見についてどう思いますか。

（慶應義塾大学法学部　FIT 入試〔A 方式〕）

　いかがでしょうか？　この質問が読み上げられた後、あなたはすぐに自分の意見を述べることになります。そして、そこから 15 分程度、質疑応答が重ねられます。「根拠は何か？」「事実と異なるのではないか？」「それに対する反論は何があるか？」教員はニコニコしながらも、あな

たにかなり厳しい指摘や反論も行います。

　もちろん、議論の過程であなたが間違うこともあると思います。しかし、たとえ<u>間違ったとしてもそれだけで不合格になる訳ではありません</u>。その場でよく考えて、誠実に答えてください。ここでは自分の認識や考え方の誤りと向き合い、大学教員と対等に議論することが求められているのです。皆さんの<u>価値観や学問的センスそのもの</u>が評価されます。

　そもそも移植用臓器の供給を待つ人が多くいる中で、本人の自由意思によって臓器売買が認められないのはなぜでしょうか？　自分の臓器をどのように処置するかは自己決定権に属するという考え方もあるはずです。日本以外では臓器売買が認められている国もあります。それはなぜでしょうか？　貧しい人が臓器を売り、豊かな人が臓器を買う状況は好ましくないとしても、現在の状況を改善する余地はないでしょうか？このように、<u>法哲学や政治哲学</u>をベースにして、問いを立てる能力は口頭試問でも決定的に重要です。

面接や口頭試問では、大学教員と対等に議論する。

■ 意見が割れる争点

　この口頭試問の問題はかなり高度なので面食らった方もいると思います。しかし、私があえてこのレベルの問題をご紹介したのは、学問的センスの到達点としてどの水準が求められるのかを示すためです。問題は難しいと思います。しかし、こういった難問を議論することが<u>楽しい</u>と感じられれば、合格はすぐそこなのです。

　思考訓練を繰り返すことで、センスは徐々に磨かれます。意見が割れる争点に関連して、複数の問いを立てていく。これまで本書で扱ってきたアプローチは、小論文・面接・口頭試問に共通する、王道の勉強法なのです。

思考訓練を繰り返すことでセンスは徐々に磨かれる。

■ 学部での専門性

　これまで、推薦入試の二次試験では、法律や哲学・文学など一般入試と比べてかなり高い専門知識が要求される傾向がありました。

　しかし近年、大学入試改革の影響で、<u>一般入試も推薦入試に近づき</u>、各大学学部に即して<u>高い専門性</u>が要求される問題が出題されています。次の問題を見てください。

　以下の５つのテーマの中から１つ選択し、500字以上、600字以内で、その選択したテーマについて現時点でのあなたの考えを自由に述べなさい。

　a. 哲学的関心と好奇心との相違、もしくは両者の関係について

　b. 倫理は、一定の歴史的伝統を通して共有された共同体的な善の理解の下で成り立つのか、或いは時代や文化・社会機構の制約と関わりなく普遍的に妥当するものか

　c. 自然美と芸術美の相違について

　d. 人格の同一性（〈わたし〉が他ならぬ〈わたし〉であること）に基準は存するのだろうか

　e. 今日における〈教養〉の在り方と哲学の関係について

（上智大学文学部哲学科　学部学科試験・共通テスト併用方式
「学部学科適性試験」より一部抜粋）

　この試験では、哲学についてかなり難易度の高い小論文を書くことが要求されます。学部の違いはもちろん出題内容に影響を与えますが、同じ文学部でも新聞学科では時事的問題、史学科では歴史学、フランス文学科ではフランス文学や言語学に関する問題などが出題されています。

　これらの問題を解くうえで絶対的に必要なのが、<u>学問的センス</u>です。「この問題は難しいけど<u>**すごく面白い**</u>」と感じられるセンスが重要です。

■ 学問的センスとは何か？

　最後に、学問的センスの日常的な磨き方についてお話しします。そもそも学問的なセンスとは何か？　私は「センスがある」基準として、**知的好奇心**、**専門的知識**、**思考枠組**を挙げています。

　センスのある学生は知的好奇心が極めて高いです。何らかのドラマやニュース、ドキュメンタリー番組、映画などで学問的関心を高めた人もいるでしょう。あるいは優れた良書を読んで、研究欲が湧いた人もいると思います。強い好奇心さえあれば、知識や思考枠組は自然に身に付きます。最高の才能はやはり好奇心なのです。

　現段階で好奇心が弱い人は、映画やドキュメンタリー番組などから学習をスタートすることをおすすめします。社会科学系を志望する学生には、米国の格差社会を感じさせる『ジョーカー』や、ルワンダ戦争を描いた『ホテル・ルワンダ』などがおすすめです。また、人文系を志望する学生には、ＮＨＫ・Ｅテレの『100分de名著』をお薦めします。

　そして、小論文で何よりも重要なのは、専門的知識や思考枠組です。本書では様々な具体例を紹介していますが、これらは論証で使うことを意図しています。実際の入試では、個人的な体験ではなく、普遍的な哲学や文学、歴史学、あるいは**時事的な事柄**を使って論じます。当然、**具体的な政党名や企業名**を挙げて論じなければ論証にはなりえません。

　ロシアのウクライナ侵攻、パレスチナ問題、世界平和統一家庭連合（旧統一教会）の問題など、意見が割れる問題こそ、小論文では重要なテーマとなります。このような問題についても、自分事として考えてみる癖をつけましょう。

　重要なのは日常的な学習です。普段から好奇心を持って新聞やニュースに触れ、**「探究」**していくことで、徐々に必要な知識や思考枠組が獲得できます。まずは、ニュースキュレーションアプリやＳＮＳでの情報収集などで適切に情報を収集し、自分がどんな立場に立つのか、それはなぜなのかを自問自答します。複数の新聞（たとえば、読売新聞と朝日新聞など）の社説を比較するのも有効です。有益な情報を発信するＳＮＳアカウントをフォローする*のもよいでしょう。不断に考え続けるこ

とで、「探究」の能力は徐々に高まっていきます。

学問的センスとは、
知的好奇心・専門的知識・思考枠組。

■ 名著でセンスを磨く

　思考枠組で最も重要なものに、いわゆる**教養**があります。**人間や言語、社会の本質**について理解を深め、物事を大局的に理解する能力は簡単に養えません。「なぜわれわれは生きるのか」「社会とはどうあるべきか」といった哲学的な問いに普段から触れるためには、いわゆる名著を読むのがおすすめです。世界的名著はあなたの人生を大きく変えるかもしれません。少し難しい内容ですが、以下の3冊をお薦めします。

『夜と霧（新版）』ヴィクトール・E・フランクル 著／池田香代子 訳
『愛するということ』エーリッヒ・フロム 著／鈴木晶 訳
『自省録』マルクス・アウレーリウス 著／神谷美恵子 訳

　これら以外に、特定の分野について専門性を高めたいならば、新書を活用するのが一番です。岩波新書、ちくま新書、中公新書などを中心に、刊行が新しいものを読んでください。同じテーマのものを何冊か読めば、体系的な知識と考え方が理解できると思います。巻末に参考書籍リストをつけましたので、そちらも参照してください。

　本来、**本との出会いは偶発的**なものです。ぜひ本屋を訪れて、自ら手に取るところから始めてほしいです。

世界的名著はあなたの人生を大きく変える。

＊ 私も、最新のテクノロジーや政策についてなど、高校生や大学生に有益な
　 情報を発信するようにしています。関心のある方はフォローしてください。
　　　　　　　　　　　　　　　　　　正司光範 X アカウント→

✎ 2. 添削ラボ　国家はなぜ存在するのか

　今回の課題は、制限時間 45 分、制限字数 400 字です。制限時間が
これまでの課題より少し短いですね。400 字は文章化に 10 分必要なの
で、おおむね 30 分程度かけて観察・分析します。

　早速、法学部のテーマを意識して解いてみましょう。

　　ある星から地球に視察にやってきた宇宙人が、次のような質問
状を残していきました。

　「地球でいちばん驚いたことは、地球人が国と呼ばれる単位に
分かれて暮らしていて、国ごとに異なる制度の下で競い合ってい
ることです。私たちの星には、国という制度ばかりか、その概念
すらありません。そこでお聞きしたいのですが、地球人はなぜ国
という単位に分かれて暮らすことを好むのですか？」

　　以上の質問状に書かれた問いに答える形で、宇宙人への返事を
400 字程度で書きなさい。

（慶應義塾大学法学部　FIT 入試〔B 方式〕）

　それでは、今回も高校生が書いた答案を見ることにします。

答案例（1）

私達が国という単位に分かれて暮らすことを好むのは、言語を使用するからである。そもそも、人間が物の認識や流動的な新しい知識を習得し、思考や概念操作をする上で言語は必要不可欠である。言語が誕生した頃は、交通手段がなく他地域との交流が無かったため各地域でそれぞれの言語が発達した。そのため、現在も各国で様々な言語が使用されており、英語など多国に使用される言語で国によって発音やスペルの違いがある。言語の違いから独立運動が強まり、対立が起こることは多い。例えば、スペインの自治州であるカタルーニャの独立運動の原因の一つは、独自の言語であるカタルーニャ語が二流扱いされていることである。ピレネー条約でカタルーニャ語の公での使用が禁止された名残で、現在も公式な場ではスペイン語を話さない傾向にあり波紋を呼んでいる。このように、自分が使用する言語を守り、使用し続けるために国に分かれる場合があるのである。

POINT

□ 地球人が分かれて暮らしている理由として、言語の相違を挙げている。たしかに言語や民族の相違は重要な側面ではあるが、言語の違いが衝突を生むとの認識は少し単純化しすぎではないだろうか？

□ そもそも「分かれて暮らしている」ことは問題なのだろうか？　分かれて暮らしていることのメリットについても考えてみたい。

答案例 (2)

　人が国家という単位に分かれて生活するのは、異なる文化や価値観を持つ人同士での紛争を避けるためである。かつて、人々は安定した生活を求め世界中に移動し、地域に分かれて点在するようになった。そこで土地特有の生活から価値観や慣習、文化を生み出した。それが長い間培われ、今や人々の根底にあるものとなったのだ。しかし、それらは根底にあるがゆえに変えにくく、異なる民族同士での対立が発生し、差別や紛争が生まれた。ユダヤ人はローマ帝国時代からキリスト教徒などからの差別を受け、それは近代にまでも続いた。そこで彼らはイスラエルを建国し、同民族で統一された国家を確立したのだ。その結果国境線をめぐる紛争は発生したものの異民族での衝突がなくなった。このように、異なる民族が異なる場所に定住することで互いを侵害せずに尊重できる。したがって現代において、外国の多様な文化や価値観を共有し、様々な文化に触れた生活を享受できる。

POINT

□ 地球人は紛争を避けるために分かれて暮らしているという指摘は正しいのか?

□ 分かれて暮らしていれば「互いを侵害せずに尊重できる」と述べているが、これは単純化しすぎではないだろうか?

□ この答案が述べるように「分かれて暮らす」ことは本当に可能といえるのか?

3. 設問の理解

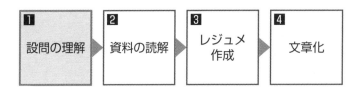

それでは**１設問の理解**に入ります。

■ 頻出テーマ　国際社会の誕生

　宇宙人の発言に不明な点はありません。人間が国際社会において、国境を隔てて暮らしていることを「非合理的」と考えるのでしょう。仮に世界が統一され、言語や文化などのコミュニティや政治や経済などの社会制度がすべて一致すれば、もしかすると様々な衝突が回避されるかもしれません。

　宇宙人の疑問は、小さな子どもも素朴に思いつきそうです。「みんな一緒になればいいのに」「そうすれば戦争なんてなくなるのに」はたしてそうなのでしょうか？　ここで１つ解答例を示します。

宇	宙	人	が	言	う	よ	う	に	、	世	界	が	分	か	れ	て	暮	ら	し
て	い	る	の	は	大	き	な	問	題	だ	。	分	か	れ	て	暮	ら	す	こ
と	に	よ	っ	て	、	人	々	は	争	い	、	様	々	な	戦	争	が	引	き
起	こ	さ	れ	て	き	た	。												

　このような認識は正しいのでしょうか？　この時点で、**そのような統一はむしろ恐ろしいこと**だと考えたならば、あなたにはすごくセンスがあると思います。

　今回の課題では、なぜ地球では国と国で分かれて暮らすのか、について理由説明が求められています。思いつきではなく、<u>**歴史的な経緯**</u>を踏まえて正確に答えます。

■ 出題の意図を考える

　「設問は神様である」という原則を使って、出題意図も考えます。この問題も政治哲学と深く関わる問題になっています。国際社会が誕生したのは 1648 年の<u>**ウェストファリア条約**</u>以降です。そして、この条約以降誕生した主権国家体制は、現代社会においても存続し続けています。

　国際社会のシステムには国内のシステムとは異なる特徴があり、それが様々な問題の解決を困難にさせています。ロシアのウクライナ侵攻をなぜ国際社会が止められないのか？　あるいは、なぜ国際法がしばしば破られるのか？　こういった問題意識と、この宇宙人の問いは深く結びつくのです。

　このように出題意図を読み解けば、この課題では決して「オモシロ解答」が要求されてないとわかります。しかし残念ながら、オモシロ解答を書く学生も多くいます。ここで少し例を見せます。

人	間	関	係	を	う	ま	く	成	立	さ	せ	る	た	め	に	は	、	距	離
感	が	必	要	な	の	で	す	。											

　→人間関係と国家は全く別の話。

バ	ラ	バ	ラ	な	の	は	問	題	な	の	で	、	今	こ	そ	政	治	的	統
合	が	必	要	な	の	で	す	。											

　→因果関係が間違っている。
　　分かれて暮らすことで独自の言語や文化が生まれる。

昔	世	界	に	は	バ	ベ	ル	の	塔	が	あ	っ	た	が	、	神	の	怒	り
に	触	れ	て	バ	ラ	バ	ラ	に	な	っ	た	の	で	す	。				

　→聖書の神話を書くのは不適切。事実に即する。

小論文に必要なのはオリジナリティではなく、学問的センスです。具体的に書く中でオリジナリティは自然に生まれます。

オリジナリティよりも学問的センスを優先する。

■ 社会全体を観察する

　ここで、問い立てをしましょう。「**なぜ、地球人は分かれて暮らしているのか？**」に加えて、「**分かれて暮らし始めたのはいつか？**」が立てられるとすごく良いです。このように**5W1H**をうまく使って、関連する問いを立てるとアプローチしやすくなります。

　さっそく「分かれて暮らし始めたのはいつか？」から考えたいと思います。社会科学*の問題を解くうえでは、歴史的経緯を想像することが重要です。先に、ウェストファリア条約以降、国際社会が誕生したと言いましたが、まずは人類の誕生から国家の成立までを俯瞰（ふかん）します。ここでも想像力を働かせて「映像」として見ることが重要です。そうすると、そもそも「**国家はどのように誕生したのか？**」という問いも立てられると思います。

<table>
<tr><td>NOTE</td><td>
・なぜ、地球人は分かれて暮らしているのか？
・分かれて暮らし始めたのはいつか？
・国家はどのように誕生したのか？
</td></tr>
</table>

関連する問いをうまく立てれば、
アプローチしやすくなる。

＊ 社会科学という言葉は一般的に、人文科学、自然科学と並んで、学問を大きく分類したときのカテゴリーを示す際に使われます。一方、社会学は社会科学分野の学問で、社会現象の実態や原因のメカニズムなどを明らかにするものです。

4. レジュメ作成

今回は資料がないので、このまま**3レジュメ作成**に進みます。

■ 歴史的経緯を振り返る①

　歴史上、<u>政治的な共同体がどのように生まれた</u>のか？　その経緯を確認します。皆さんご存じのように、ナイル川やユーフラテス川、インダス川、黄河などの流域に人々が集まり、そこに文明が発生したことが人類の歴史の起源です。

　それぞれの地域では人々が集住し、新たな文化が発達します。人々の交流の中で「言語」が生まれ、象形文字や楔（くさび）形文字などの「文字」が発明されました。歌が歌われ、物語が創作され、人々に共有されていきます。様々な慣習や宗教なども生まれます。

　さらに、人々の定住によって農耕技術が発達し、食料の安定供給から人口は急速に増加しました。人口が増加すれば紛争も発生し、そこに様々なルールや効率化のための制度が必要となります。そこで、灌漑（かんがい）などの事業を遂行するために政治制度が発達し、貨幣制度や法体制などが徐々に成立します。皆さんも、日本の冠位十二階だったり、ハンムラビ法典だったり、様々なものを思い出してください。

　このようにそれぞれの地域で、共通の言語や宗教や価値観に基づく<u>共同体（community）</u>が形成され、法律や政治、経済などの<u>社会制度（society）</u>も整備されていく。これは、政治学を考えるうえで重要な視点です。

　さらに、より多くの資源や食料を求めて、移動手段が急速に発達します。馬や牛などを乗り物とし、あるいは船や車両などを製造し、人々は

より遠くまで移動できるようになります。そして、それぞれの集団の移動範囲が重なることで暴力的な争いも起きます。皆さんも、各地で植民地獲得が進められた大航海時代、日本の戦国時代、中国の三国時代などを思い出したかもしれません。

　多くの殺戮（さつりく）が行われ、また宗教や民族の差異などが対立の引き金になり、各地では自国の安全を確保するために軍事や外交の発達も起きます。こうしてクラウゼヴィッツが『戦争論』で言う**戦争は外交の一手段**といわれた時代が到来するのです。

　このような歴史の流れを「映像」として想像できるかはすごく重要です。ジャレド・ダイアモンドの『銃・病原菌・鉄』やウィリアム・H・マクニールの『世界史』などは大変参考になりますので、ぜひ読んでいただきたいです。

■ 歴史的経緯を振り返る②

　さて、そのような無秩序な世界が終焉（しゅうえん）するきっかけとなったのが、ウェストファリア条約（1648年）です。三十年戦争は**最後にして最大の宗教戦争**といわれ、ドイツの人口が4分の1に減少したといわれるなど各地で甚大な被害が出ました。その被害の大きさから戦後、世界最初の近代的な国際条約としてウェストファリア条約が締結されたのです。

　この条約によって神聖ローマ帝国は実質的に解体され、ドイツの領邦はそれぞれ独立した国家として認められました。こうして**主権国家体制**（主権国家を中心とするシステム）が作り出され、以後、国際法が徐々に発達します。

　ただし、このような主権国家体制には現代でも問題があるのは否めません。第二次世界大戦後、国際紛争を違法化する枠組みとして国際連合が誕生しました。しかし、システム上、拒否権を持った**常任理事国（P5）の暴走**を止めることはできません。

　また、国際社会は核不拡散体制（NPT体制）＊で「核保有国に特権

＊ NPT体制 … 1970年に発効。締約国は191カ国。米、露、英、仏、中の5カ国を「核兵器国」と定め、「核兵器国」以外への核兵器の拡散を防止する内容。

を与えることで秩序を維持する」という選択をしましたが、北朝鮮など、新たな核保有国は徐々に増えつつあります。

　国際社会には絶対的なパワーがなく、また国際法にも大きな問題があることは前提としながらも、われわれは一定の秩序の中で生きています。その中で起きたロシアのウクライナ侵攻は、国際社会に対する**大きな挑戦**でした。このウクライナの問題はよく出題されていますので、その歴史的な意味をしっかり理解してほしいです。ここで、NOTE が少し埋まりました。

> ・なぜ、地球人は分かれて暮らしているのか？
> ・分かれて暮らし始めたのはいつか？
> 　　ウェストファリア条約
> ・国家はどのように誕生したのか？
> 　　人々の集住と効率化の過程で

■ 設問を再度考える

　このような歴史的経緯を前提に、宇宙人の疑問について考えてみます。なぜ、われわれは国という単位に分かれているのでしょうか？　ウェストファリア体制の成立過程を考えると、むしろ「戦争の発生を防ぐ」ためだったことになります。人間が生活を営むうえでは様々な資源が必要となり、それらをめぐって対立が起きます。その対立を調整するために**主権国家体制**や**国際法**といった枠組みが活用されているのです。

　もっとも、主権国家体制も国際法も完全ではなく、悲惨な戦争が起きることも多々あります。しかしだからといって、人類の歴史に全く意味がないわけではありません。社会科学系の課題ではこのように歴史的経緯を踏まえ、**人類が築き上げてきた叡智**を理解することが極めて重要なのです。皆さんが学習しているのが世界史でも日本史でも構いません。社会科学ではまず「歴史的にどうだったか」を思い出して、アプローチしてください。

・なぜ、地球人は分かれて暮らしているのか？
　対立を防ぐため

社会科学では、歴史的経緯からアプローチする。

■ 頻出テーマ　多様性の重要性

　先ほど、「世界は統合すべきだ」との考え方は恐ろしいと言いました。もし皆さんがそのように考えたならば、「多様性に対する理解が少し弱い」と思った方がよいです。

　ナチスなど、全体主義は世界の多様性を軽視して、統一を図ろうとする発想を根源としています。統合を求める発想が**エスノセントリズム**[*]や**強い差別意識**と深く結びつくとの認識は、国際政治で最も重要な視点です。

　そしてより重要なのは、人類が共通の価値観や文化を持つことはそもそも非常に困難だということです。かつて、それぞれの言語の違いが世界を分断させるとして、新しい言語（**エスペラント語**）を普及させるという社会運動が流行しました。しかしこの試みは早期に頓挫しました。それは、言語や文化が人間にとって切り離せないものであり、われわれのアイデンティティそのものだからです。

　事実、英語の発音についても、アメリカ人やイギリス人のネイティブが話すような優れた発音であるべき、との考え方が徐々に廃れ、近年で

＊ エスノセントリズム … 自民族中心主義。自分の属している文化に最大の価値を置き、
　最も優れているとする考え方。

は、シングリッシュ（シンガポール英語）など、各国色々な英語があるという認識や、方言の良さを見直す動きが広がっています。共通テストの英語リスニングでも、様々な訛りのある発音が出題されています。

　ここで、多様性に関連した問題を紹介しておきます。ここでは解説しませんが、非常に重要なのでぜひ考えてみてください。

1887 年、ポーランド人のルドヴィコ・ザメンホフは、異なる母国語を持つ人びとの間でコミュニケーションを容易にするために「普遍的な言語」、エスペラント語を考案しました。ところが、130 年ちかくたった今も、エスペラント語の話者は期待されたほどには増えず、その数は 200 万人を超えないといわれています。もしエスペラント語が当初の思惑どおり世界中に普及していたら、世界は変わっていたでしょうか。あなたの考えを 400 字程度で述べてください。

（慶應義塾大学法学部　FIT 入試〔B 方式〕）

　東京大学は、その理念の一つとして「Diversity & Inclusion（多様性と包摂性）」を掲げており、その一環として、在学生における女子学生の比率を高める努力をしています。（中略）

　女子学生を含め、東京大学はどのような点で学部学生の構成を多様化すべきでしょうか。また、その多様性を促進するために、東京大学はどのような施策を講じることができるでしょうか。東京大学の学部学生の構成について、促進すべき多様性の種類と、そのための施策を議論してください。施策については、長所と短所を検討した上で、なるべく具体的な制度設計を提案してください。

（東京大学法学部　学校推薦型選抜「グループディスカッション課題」
より一部抜粋）

■ よくない答案の典型例

「世界の対立は解消すべきだ」一見正しそうに思いますが、世の中は単純ではありません。人類がこれまで必死に取り組んできた様々な課題を、ちょっとしたアイデアで解消できると思うのはあまりに傲慢です。

特に最近は「SDGsの17の目標」を絶対的なスローガンとして掲げ、「環境は重要だ」「サステナブルな社会を実現することは重要だ」などと気持ちよくなる人が多いです。SDGs*はそのデータの計測方法、そしてゴールに到達するための具体的手段が重要なのであって、理念そのものを連呼することには何の意味もありません。

近年、小論文や志望理由書では、SDGsの理念を掲げるだけの質の低い答案がよく見られます。むしろ、企業などが推し進める「SDGs的な理念を安易に妄信する態度」こそが批判されると考えてください。

また、安易な政府批判も避けましょう。差別や貧困などの社会問題を挙げて問題性を訴え、「政府が悪い」と強く批判する。そんな答案をよく見ます。しかし本来問題を解決する主体は、政府ではなく国民です。われわれは選挙権だけでなく、被選挙権も持っています。一人一人が主権者として問題について考え、多様性の中で議論が深まり解決策が見いだされる。それが民主主義社会の本質です。

J.F.ケネディの大統領就任演説は、民主主義社会の本質を理解するうえで、とても参考になるものです。少し紹介したいと思います。

> "Ask not what your country can do for you,
> ask what you can do for your country."
>
> 「国家があなたにしてくれることを尋ねるな。
> あなたが国家に何ができるかを尋ねよ。」

---

* SDGs … 持続可能な開発目標（Sustainable Development Goals）。2015年9月の国連サミットで採択。2030年までに持続可能で多様性と包摂性のある社会の実現を目指す国際目標。17の目標と169のターゲットがある。

■ 問題の難しさと条件

　社会科学で出題されるテーマはいずれも複雑で、簡単に解決策を導けるものではありません。なぜ利害対立が解消されないのか？　そこには、話し合いなどでは解決できない、**根源的な難しさ**が潜んでいるはずです。

　また、**解決策が有効性を持つ範囲も一般的に限定**されます。どのような条件が成立すれば、解決策が一定程度の効果を及ぼすと考えられるのか？　難しさと条件の記述は、**質の高い答案を仕上げるうえで必須の要素**です。

　問題を単純化して、安易な解決策を提示するのは最悪です。大学が求めているのは、問題の複雑性や困難性を十分に理解したうえで、自らの議論の限界までも俯瞰できる学生なのです。

5. 文章化

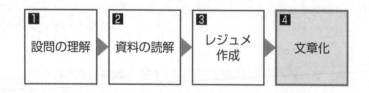

　最後は、**４文章化**です。

■ 解像度を上げる

　文章化のカギは、自分の専門分野について**「解像度を上げる」**ことです*。近年、ビジネスや研究の分野で特定の分野に詳しく、より詳細に状況を把握できる人を**「解像度が高い」**と表現するようになっています。顧客の状況や課題、次に行うべき対策などが具体的にイメージできる。現代社会ではそのような能力は極めて重要です。

　皆さんに必要なのは、**想像力を鍛え上げ**、自分の専門分野について「解像度が高い」状態を作り出すことに他なりません。専門分野につい

て知識を増やし、**他者の気持ちになって、状況を想像するトレーニング**を続けていく。それができるようになれば、文章の密度は飛躍的に増加します。たくさんの本を読むとともに、普段から想像力を働かせるトレーニングを続けましょう。

想像力を徹底的に鍛えて、自らの解像度を上げる。

■ 答案の締め

　400字の制限字数で最後の一文（締め）をどう書くのか、悩んでいる方も多いと思います。よくあるのは、「以上より、地球人が分かれて暮らしているのは、○○だからである」などとして、同じ内容を重複させるものです。しかし、これは全く無意味なのでやめましょう。字数は限られているので、重複する情報は徹底的にカットします。

　また、「これからもしっかりと考えるべきだ」などと書いて、どっちつかずの締めくくりをする人もいます。しかし、小論文は価値判断を明確にする科目です。立場を明確にして、相手を説得する姿勢こそが重要になります。どこかのテレビのコメンテーターのように、どっちつかずの無責任な発言をするのは避けましょう。

　答案の締めには、**自分の価値判断を明確にして今後の方向性やすべきことを示します**。何をすべきなのか？　どのように人々を説得するのか？　そこにどんな問題が残されているのか？　それらを示すのが最後の締めです。

＊ 解像度 … 解像度とは本来、ビットマップ画像における画素数の密度を示す数値。数字が大きければ大きいほど画素の密度が高くなり、高精細な画像が再現できる。

✎6. 添削ラボ　優秀論文・国家はなぜ存在するのか

優秀論文A

私たちが国という単位に分かれて暮らすのは、制度や文化の差異によりしばしば衝突が起こるからです。人間は居住地域の秩序を保つため、法律や貨幣制度などの社会システムを形作ります。また、各風土を基に育まれた文化、言語、宗教などは人々のアイデンティティに密接に関わっています。こうして築かれた社会的、文化的共同体は集住する上で取り除けないため、各社会・文化圏ごとに分かれて暮らすようになったのです。例えば17世紀の欧州では、新宗教と旧宗教の対立が武力闘争に発展し、30年間戦争状態が続きました。これを調停するためにウェストファリア条約が結ばれ、近代主権国家体制が確立し、私たちは社会・文化圏ごとに国を作るようになりました。20世紀には、帝国主義の下植民地となった地域の人々が民族自決を訴え、独立運動を行い新たな国が誕生しました。つまり、制度や文化に基づく共同体意識により、地球上には多くの国々が並存しているのです。

やややバランスが悪いです。ウェストファリア条約までの経緯が長すぎて、宇宙人の質問にダイレクトに答えられていません。

優秀論文B

地球人が国という単位に別れて暮らす理由は、平和を維持する上で最善と考えられてきたためである。そもそも、人間は社会的な生き物であるため一人では生きて行けず、長らく集団生活を営んできた。そこでは次第に、共通の言語や文字、価値観を持つ共同体や、共通の法制度、政治体制、貨幣経済を持つ社会が成立した。これらは各々が独自に発展を遂げてきた価値であり、代替不可能なものである。しかし、異なる文化や制度を持った集団同士が接触する中で、相互に自己利益を優先させた結果対立が生じる場合もある。宗教戦争として始まった三十年戦争は国家間の争いへと発展し、国土が退廃した欧州で1648年にウェストファリア条約の締結により戦争が終結した。そこでは国際法の成立や内政不干渉の原則が示され、国際社会の構成単位となる主権国家が誕生した。このように、明確な国境を画定することで人々は安定的な生活を維持できるのである。

バランスよく書けています。前半で「そもそも」、後半で「しかし」と論じ、設問に答えようとしています。

口頭試問や面接で求められること

「**推薦入試でどうすれば合格できるのか**」という相談をされることがよくあります。おそらく、「志望理由書をこのように書けばいい」「自己アピールをこうすればよい」「面接ではこんな所作が重要」とかを聞きたいのだと思うのですが、残念ながら、試験を実施する大学教員が重視することとは大きな乖離があります。

もちろん、大学教員は皆さんが高校生活で何に取り組んだかに一定の関心はありますが、それよりもっと関心があるのは、「**その大学・学部で皆さんが豊かに学び、大いに成長できるか**」という、その受験生の未来への可能性につきます。

学問的センス、つまり強い知的関心や知識、思考枠組がなければ、大学の授業を理解することも困難です。「サークルやバイトに明け暮れるのではなく、授業を楽しんでほしい」「こんな面白い子に自分のゼミに来てほしい」などという想いを持って、大学の教員は志望理由書や小論文の答案を採点し、面接に臨んでいます。

そんな大学教員にとって最も魅力的な学生は、**大学教授と対等に議論できる能力**がある学生です。よく「人は見た目が重要」などとして、面接などの所作に力を入れて指導を行う予備校がありますが、大学は重視していません。そもそも大学教員はそんな一般的なビジネスマンの所作など、「比較的どうでもいいもの」と認識しています。大学教員が求めているのは、お行儀が良くて何でも「ハイハイ」と素直に言うことを聞く学生ではなく、教員が言ったことに対して疑問を持って、鋭い質問を投げかけるような学生なのです。

それはなぜか？　大学教員・研究者が特殊な職業であり、彼らがそのような能力を強く求められてきたからに他なりません。大学教員は一般企業に勤めている人々とは明らかに考え方や価値観が異なることに留意しましょう。

Chapter
9

データサイエンス

データサイエンスの基礎をがっちり固めます。
科学的に図表を読み取るためには、どこに着
眼すればいいのか。客観的にデータを見ると
はどうすることなのかを扱います。

データサイエンス

1. データサイエンスの問題

　近年、あらゆる分野でデータという**客観的な証拠**に基づいた問題解決が求められており、データサイエンスは政策決定や企業の経営判断などに幅広く使われています。

■ データサイエンスの出題

　そのような社会背景から、小論文や総合問題のみならず、共通テストなどでもデータサイエンスの問題が頻出となっています。ここで、一橋大学ソーシャル・データサイエンス学部の渡部敏明学部長の挨拶文を引用します。

> 　現代は「ビッグデータの時代」と言われるように、様々な大量のデータが入手可能です。こうしたビッグデータは「21 世紀の石油」と呼ばれ、そこから有用な情報を抽出するデータサイエンスは社会から注目を集めています。ソーシャル・データサイエンス学部・研究科の「ソーシャル」は経済学、経営学、法学、政治学、社会学などの社会科学を意味し、新学部では、統計学、情報・AI などのデータサイエンスに加え、社会科学も幅広く体系的に学べます。本学部・研究科では、現代社会における新たな課題を解決できる人材を養成するため、社会科学とデータサイエンスが融合して生じた「ソーシャル・データサイエンス」の教育研究を推進します。我々と共に学び、新たな学術領域を共に切り拓いていく意欲のある方々に、是非本学部・研究科に進学して頂きたいと思います。

（「一橋大学ソーシャル・データサイエンス学部・研究科案内」より）

現代社会においてデータサイエンスが決定的に重要となっているとの認識は、各大学に共通しています。1990年に慶應義塾大学に総合政策学部と環境情報学部が誕生したのが始まりですが、近年は様々な大学で「科学」や「情報」などを扱った学部が誕生しています。そして推薦入試のみならず一般入試においても、**データサイエンスの素養**が強く求められています。

　早稲田大学政治経済学部、上智大学や青山学院大学、金沢大学などは従来の入試を改変し、データサイエンスのセンスを問う総合問題を出題しています。これら大学の多くでは英語や国語、日本史、世界史などの試験は廃止になりました。

　さらに、大学教育改革に基づき「**探究**」が重視されるようになり、共通テストの内容も大きく変化しました。英語リーディングでは読解する語数が大幅に増えただけでなく、様々な図表が扱われ、それらを高速に処理する能力が求められます。現代文でも従来のような評論文や小説だけではなく、図表を組み合わせて様々な判断を行わせる問題が出題されています。

　特に、2025年の新・共通テストに向けて発表された試作問題の内容は、様々なメディアで扱われるなど大きな話題となりました。次の問題を見てください。

【資料Ⅰ】

第Ａ問　次の【資料Ⅰ】（文章、図、グラフ1〜グラフ3）と【資料Ⅱ】は、気候変動が健康に与える影響について調べていたひかるさんが見つけた資料の一部である。これらを読んで、後の問い（問1〜3）に答えよ。（配点　20）

> 文章　健康分野における、気候変動の影響について
>
> ⓐ気候変動による気温上昇は熱ストレス[注1]を増加させ、熱中症リスク[注2]や暑熱による死亡リスク、その他、呼吸器系疾患等の様々な疾患リスクを増加させる。特に、ⓑ暑熱に対して脆弱性が高い高齢者を中心に、暑熱による超過死亡[注3]が増加傾向にあることが報告されている。年によってばらつきはあるものの、熱中症による救急搬送人員・医療機関受診者数・熱中症死亡者数は増加傾向にある。
>
> ⓒ気温の上昇は感染症を媒介する節足動物[注4]の分布域・個体群密度・活動時期を変化させる。感染者の移動も相まって、国内での感染連鎖が発生することが危惧される。これまで侵入・定着がされていない北海道南部でもヒトスジシマカの生息が拡大する可能性や、日本脳炎ウイルスを媒介する外来性の蚊の鹿児島県以北への分布域拡大の可能性などが新たに指摘されている。
>
> 外気温の変化は、水系・食品媒介性感染症[注5]やインフルエンザのような感染症類の流行パターンを変化させる。感染性胃腸炎やロタウイルス感染症、下痢症などの水系・食品媒介性感染症、インフルエンザや手足口病などの感染症類の発症リスク・流行パターンの変化が新たに報告されている。
>
> 猛暑や強い台風、大雨等の極端な気象現象の増加に伴いⓓ自然災害が発生すれば、被災者の暑熱リスクや感染症リスク、精神疾患リスク等が増加する可能性がある。
>
> 2030年代までの短期的には、ⓔ温暖化に伴い光化学オキシダント・オゾン等の汚染物質の増加に伴う超過死亡者数が増加するが、それ以降は減少することが予測されている。
>
> 健康分野における、気候変動による健康面への影響の概略は、次の図に示すとおりである。
>
> （注）1　熱ストレス……高温による健康影響の原因の総称。
> 　　　2　リスク……危険が生じる可能性や度合い。
> 　　　3　超過死亡……過去のデータから統計的に推定される死者数をどれだけ上回ったかを示す指標。
> 　　　4　感染症を媒介する節足動物……昆虫やダニ類など。
> 　　　5　水系・食品媒介性感染症……水、食品を介して発症する感染症。

図

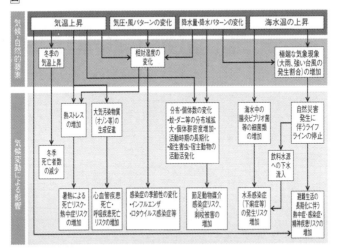

(文章と図は、環境省「気候変動影響評価報告書 詳細（令和2年12月）」をもとに作成)

グラフ1 日本の年平均気温偏差の経年変化

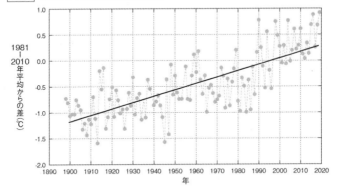

点線で結ばれた点は、国内15観測地点での年平均気温の基準値からの偏差を平均した値を示している。直線は長期変化傾向（この期間の平均的な変化傾向）を示している。基準値は1981～2010年の30年平均値。

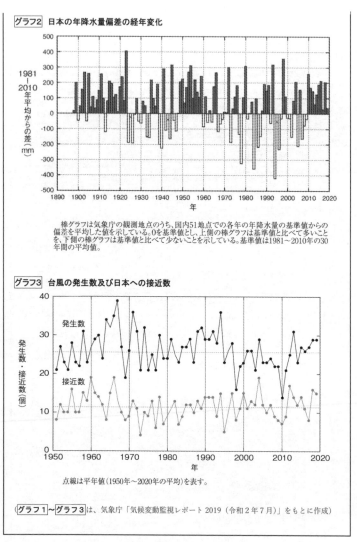

グラフ2 日本の年降水量偏差の経年変化

棒グラフは気象庁の観測地点のうち、国内51地点での各年の年降水量の基準値からの偏差を平均した値を示している。0を基準値とし、上側の棒グラフは基準値と比べて多いことを、下側の棒グラフは基準値と比べて少ないことを示している。基準値は1981〜2010年の30年間の平均値。

グラフ3 台風の発生数及び日本への接近数

点線は平年値（1950年〜2020年の平均）を表す。

グラフ1〜**グラフ3**は、気象庁「気候変動監視レポート2019（令和2年7月）」をもとに作成）

（令和7年度大学入学共通テスト　試作問題「国語」）

いかがでしょうか？　資料の大部分は図やグラフで、これまでの現代文とは明らかに一線を画します。このような出題の変化は今後、各大学に波及すると考えられます。

新入試では、データサイエンスや「探究」がカギ。

■ 因果関係の難しさ

データサイエンスの最大の利点は、現象の**因果関係**を客観的な数字で表せることです。「日本はなぜ、先進国の中で低成長を続けているのか？」「なぜ、日本の人口減少傾向は止められないのか？」「なぜ、彼の英語の成績は上がらないのか？」国家レベルでも個人レベルでも、人々はwhy?の質問に対して因果関係を予測します。しかし、人間は自分が取り組んできたことを重視する傾向が強く、様々なバイアスから逃れられないのです。ここで1つ例を見ましょう。

たとえば、Aさんが第一志望校に合格したとします。なぜ合格できたのかを検証するために、Aさんの周囲の人に話を聞いてみます。

Aさんは、最後に英語が伸びたから合格できたよね。

Aさんは、直前期に小論文書けるようになったから、絶対小論文が合格の要因ですよ。

私がわざわざ、太宰府天満宮に行ってお守りを買ってきたからだわ。私のおかげよ。

どれが正解なのか、これだけでは判断できません。そして実は、何が合格の決め手になったのかは、Aさん本人ですらわからないのです。Aさん本人にもバイアスがかかります。

それではどうすれば因果関係を正しく評価できるのか？　それは、具

体的に試験当日にどのくらいの得点が取れたのか？　各科目の学習が能力の向上にどれくらい寄与したのか？　そういった客観的データを他の人と比較して初めて検証できるのです。

　社会学では<u>**質的調査（インタビューなど）**</u>と<u>**量的調査（統計的な処理）**</u>という２つの手法があります。色々な手法はありますが、関係者に詳しく話を聞き、問題の構造を明らかにしていくのが質的調査。そしてその後、データで数理的な検証を行うのが量的調査と理解しておくとよいと思います。

　この２つの調査の組み合わせで、因果関係を客観的に検証できるのです。この２つの関係は社会学系の学部で度々出題される重要テーマなので、ぜひ調べましょう。

　　　客観的データを比較して初めて、因果関係が検証される。

■ 測定できる問題を提示する

　ここで、データサイエンスに関する面白い問題の例を１つお見せします。

いま現実に存在する問題を、科学技術を用いて科学的に計量する**新たな方法**を提案してください。

計量する問題は、科学技術上の問題でも、社会問題でもかまいません。地球規模の問題でも、身近な問題でもかまいません。

科学技術を駆使して現実の問題に取り組むためには、問題を計量し、データを得ることが欠かせません。得られたデータを通して問題を正確に把握し、それを踏まえて解決方法を考案していくことになります。

また、測定するデータに基づき、問題の要点を把握するのに役立つ**新しい単位**を考案してください。

問1【解決したい問題】あなたが解決しようとする、現実に存在している問題を200字以内で説明してください。なぜそれが問題なのかについても述べてください。

問2【問題を計量する方法】問題を科学的に計量するために、どんなデータをどんな方法で測定するのかを400字以内で説明してください。すでに存在する科学技術を使うだけなく、将来に開発を期待する未来の科学技術を用いてもかまいません。

闇雲に大量のデータを得るだけでは、問題の本質を理解することはできません。問題を正確に把握するために、何を知る必要があり、どうすればそれを計量することができるのか、考え抜いてください。

科学的な測定には、誰が何度測っても（許容できる差の範囲内で）同じデータを得られることが求められます。これを再現性のある方法と言います。提案する測定方法に再現性が備わっているかも考慮してください。

（慶應義塾大学環境情報学部　一般入試「小論文」より一部抜粋）

　この問題は科学的思考*やデータサイエンスについて考えるうえで最高の問題です。この問題のポイントは**問1【解決したい問題】**です。「問題」というと環境破壊や貧困などＳＤＧｓに関連する大きな問題を挙げる人がいます。しかし、**大きな問題はしばしば測定が困難**です。問題設定のコツは、問題そのものを**適切なサイズ**に絞ることです。設定段階で、十分に意味があって測定できる問題を選択します。ここで皆さんも「測定できる問題」を1つ具体的に考えてみましょう。

　自分が困っていること。これは身近なことでも構いません。たとえば、「アボカドの食べごろがわからない」といった問題に対して、何をどのように測定すれば解決できるのかを考えてみます。

---

* 科学的思考 … 様々な現象に疑問を持ち、合理的かつ客観的な方法で仮説を立て検証していく考え方。問題解決のプロセスでは、実験や観察に基づいて規則性を見いだす、基準を決めて分類、関連づけを行い共通点・相違点を把握するなどを行う。

　アボカドは適度に熟してない状態だと硬くて全くおいしくありません。他方で、必要以上に成熟すると今度は緑の果肉に黒い斑点が出てきて、これまたおいしくありません。アボカド好きの私としては正確な食べごろを知りたいのですが、なかなか把握が難しいのです。

　そこで科学的な測定によって、何とか**「アボカドの食べごろ」**＝アボゴロ値（？）を測定したいと考えます。皆さんはこの「アボゴロ値」を明らかにするうえで何を数値化すればいいと思いますか？

問題を適切なサイズに絞る。

■ 頻出テーマ　科学的計量

　まず思いつくのは視覚的情報です。アボカドの表皮は成熟するにしたがって色が変化します。オリーブのような濃い緑から黒褐色、そして黒へと。この色の変化を数値で表せば、1つの指標となることは間違いありません。

　さらに、触覚的情報も重要です。ヘタ付近を直径5mmぐらいの棒で押したときに、どれくらいの弾力があるのかは重要な指標になります。反発が強い場合はまだ熟しておらず、逆に棒で押して戻りが弱すぎる場合は熟しすぎといえるでしょう。これも重要な指標になりそうです。これ以外にアボカドには香りがありますので、それを指標とすることもできると思います。いずれにしても<u>五感に着目して客観的に測定</u>できる数値を設定し、「アボカドの食べごろ」との関係性を示せばよいということになります。

　データサイエンスの問題の場合は、このように仮説を立ててから実際の検証作業に移ります。アボカドをたくさん用意して、色や触感、香りなどの関係と成熟の度合いを調査して数値化していけば、関係性が客観的に把握できるのです。

計量の問題では、計量可能性と再現性がポイント。

■ 指標の設定が難しい問題

最後に、計量に関わる頻出テーマとして重要な問題をご紹介します。

> 1976年にスリランカのコロンボで開催された第5回非同盟
> 諸国会議に出席したブータンのワンチュク国王は、国民総生
> 産（GNP）に代わる指標として国民総幸福量 Gross National
> Happiness なるものを提唱しました。この提案の背景には物質的、
> 経済的な豊かさではなく、精神的な豊かさ、幸福を求めようとす
> る仏教的な考え方があると言われていますが、そこには様々な難
> 点もあります。あなたなら、何に、どのように注目する形でこの「国
> 民総幸福量」を測定するのが有益だと考えますか。またその場合
> にそこに存在する意義と難点とは何でしょうか。答えは400字程
> 度でまとめてください。

（慶應義塾大学法学部　FIT 入試〔B方式〕）

こちらもとても面白い問題です。日本は世界幸福度報告のランキング
が低いことがよく知られていますが、そもそも幸福とは何で測るべきな
のでしょうか？　政府が政策を実行するうえで、基準になるのは国民の
幸せです。その意味で、福祉も安全保障も金融も**あらゆる政策は「人々
を幸福にさせるためのもの」**といえます。それでは、皆さんは何を幸福
の指標として挙げるのでしょうか？　幸福を計量的に測るのはとても難
しいですが、貧困や治安、国民の自由など様々なものが候補となります。
多くの大学で出題された問題ですので、自分でよく考えてみてください。

指標として妥当性が高いものを選択する。

✎ 2. 添削ラボ　データサイエンス

今回の課題は、制限時間 60 分、制限字数 400 字です。

社会における所得分配の不平等さを測る指標の一つにイタリアの統計学者コッラド・ジニによって考案されたジニ係数というものがある。ここで示されている係数の範囲は 0 から 1 までの値をとる。係数の値が 0 に近いほど格差は少なく、逆に 1 に近いほど格差が大きいということを意味する。係数が 0 である場合にはその社会は所得において完全に平等であること、つまり全員が同じ所得を得ていることになる。下に示す世界地図は国ごとにこのジニ係数によって世界地図を塗り分けたものである。

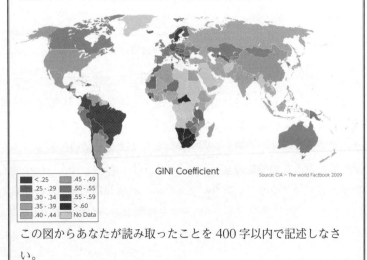

この図からあなたが読み取ったことを 400 字以内で記述しなさい。

（慶應義塾大学法学部　FIT 入試〔B 方式〕例題）

今回も高校生が書いた答案を見るところからスタートします。

答案例（1）

この	図	に	お	い	て	、	最	も	係	数	が	0	に	近	く	、	格	差
が	少	な	い	の	は	ヨ	ー	ロ	ッ	パ	地	方	に	あ	る	ス	ウ	ェ	ー
デ	ン	で	あ	る	。	た	し	か	に	、	ス	ウ	ェ	ー	デ	ン	の	あ	る
北	欧	で	は	、	公	的	福	祉	制	度	が	充	実	し	て	、	発	展	し
た	国	家	で	あ	る	と	と	も	に	、	こ	の	図	か	ら	国	民	の	幸
福	度	合	い	が	高	い	一	因	と	し	て	所	得	の	格	差	が	少	な
い	背	景	が	裏	付	け	ら	れ	た	。	一	方	、	図	上	で	赤	色	に
示	さ	れ	て	い	て	格	差	の	大	き	な	国	は	南	ア	メ	リ	カ	大
陸	、	ア	フ	リ	カ	大	陸	に	分	布	し	て	い	る	。	こ	れ	ら	の
地	域	で	は	、	格	差	の	広	が	り	の	み	な	ら	ず	国	全	体	と
し	て	貧	困	課	題	の	あ	る	傾	向	だ	と	考	え	る	。	こ	の	図
の	色	分	け	に	よ	り	、	ア	ジ	ア	諸	国	に	お	け	る	国	際	社
会	へ	の	進	出	が	浮	き	彫	り	に	見	ら	れ	る	。	先	進	国	に
お	い	て	は	、	0	か	ら	1	の	間	の	値	に	位	置	す	る	国	が
多	い	な	か	、	大	多	数	の	ア	ジ	ア	国	家	は	同	じ	く	0.	35
か	ら	0.	49	と	、	主	要	国	家	と	変	わ	り	な	い	共	通	点	が
あ	る	。	20	00	年	代	に	入	り	、	ア	ジ	ア	新	興	国	は	以	前
の	先	進	国	と	並	ぶ	経	済	成	長	に	近	づ	い	て	い	て	、	所
得	分	配	に	お	い	て	も	比	例	し	て	い	る	と	考	え	る	。

POINT

□ 図全体から読み取れることとしては何があるだろうか？

□ 格差が大きい国は南アメリカ大陸やアフリカ大陸に分布しているとあるが、アフリカにも格差が小さい国があるのをどう説明するのか？

□ 経済大国である米国や中国も格差は大きいが、これはどう説明できるだろうか？

答案例（2）

世界の中で格差が小さい国として挙げられるスウェーデンやデンマークなどの北欧諸国、ドイツなどの中欧では、ジニ係数は0.3を下回っている。また、EUの単一市場と結束政策により、地域間格差を最小限に抑えたヨーロッパの他地域も、北欧、中欧よりは格差があるものの、ジニ係数は0.3〜0.34ほどである。一方、ジニ係数が大きく、格差が拡大している国、地域として、中南米やアフリカ、中国、アメリカなどが挙げられる。中南米、アフリカでは、19世紀、植民地支配をされた地域があり、こうした国では列強が介入してきた急激な変化により、早い段階で格差が増長したと考えられる。データが取られた2009年では、リーマンショックの影響で中国では失業者が増え、農村から都市部への就労の流れが失われたため、格差が広がった。また、アメリカでは、資本主義で、一部の富裕層に富が集中しているため、所得に関して、大きな格差が生じている。

POINT

☐ 「植民地支配の結果として格差が増長した」との説明があるが、本当だろうか？　仮に本当だとすると、どのような過程でそのような格差が生まれるのか？

☐ リーマンショックの影響が書かれているが、一般的に中国は影響が少なかったと評価されている。事実と異なるのではないか？

3. 設問の理解

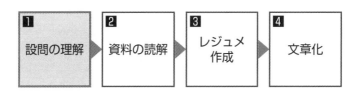

まずは、**1設問の理解**からです。制限字数 400 字ですので、「センテンスを入れる箱」を 7 つ作り、それぞれの箱に何を入れるかを考えます。問い立てもしてみましょう。設問から**「この図から読み取ったことは何か?」**という問いはそのまま立てられます。

■ 図から読み取れることとは?

「図から読み取ったことを……記述しなさい」という設問文を素直に読むと、あなたが「読み取ったこと」であれば、何でも正解になりそうな気がします。そこで、次のような解答例を見てください。

①

こ	の	図	か	ら	、	日	本	の	ジ	ニ	係	数	は	0.	25	－	0.	29	の
範	囲	だ	と	読	み	取	れ	る	。										

②

こ	の	図	か	ら	、	ス	ウ	ェ	ー	デ	ン	の	格	差	が	最	も	小	さ
い	と	読	み	取	れ	る	。												

③

| ア | フ | リ | カ | の | 一 | 部 | の | 国 | に | は | デ | ー | タ | が | な | い | と | 読 | み |
| 取 | れ | る | 。 | | | | | | | | | | | | | | | | |

④

| こ | の | 図 | か | ら | 、 | 世 | 界 | に | は | 様 | 々 | な | 国 | が | あ | る | と | わ | か |
| る | 。 | | | | | | | | | | | | | | | | | | |

　これらは正解にはなりません。いずれもこの図から「読み取れる」のは事実なので、一見すると設問の要求を満たしそうです。しかし、それだと解答がたくさん作れそうな気がしませんか？　重要なのは「そもそも、この図から読み取れることはたくさんある」との視点です。

　ここで、Chapter 3で扱った「暴力」の課題を思い出します。あの課題は、暴力の共通点を並べるだけでは解答になりませんでした。共通点がたくさんある中で、問題意識を働かせて現代社会において論じるべき点を指摘しました。

　今回の課題でも同様に考えます。この図から読み取れることは無数にあるけれども、その中で「とりわけ重要な視点は何か？」このように考えられた人はとてもセンスが良いと思います。

　図を見るときには、まず**図のタイトル**（何の図なのか？）を見ます。今回はジニ係数、つまり世界各国の格差の「特徴や傾向」が書かれているはずです。言い換えれば、この図から読み取れるのは「世界の国々の格差に関する特徴や傾向」だけということです。図のタイトルはその図の**制作意図**が書かれているので、極めて重要です。最初に確認してください。

　4つの解答例を検討すると、③はアフリカだけに言及し、格差そのものと関係ない点に着眼しています。また④も同様に、格差とは無関係な視点です。

　①②はいずれも格差に関係ある点を指摘しています。しかし、特定の国にだけ着眼しています。もしこれが正解ならば、日本も韓国もオース

トラリアも赤道ギニアもガボンも、どんな国のことを書いても正解になります。そんなはずはありません。世界中の国の中で、特定の国だけに注目するのはあくまで**主観**に過ぎません。そのような主観を廃して、図を客観的に見ることが重要です。

この問題のように「図から読み取れること」を指摘する問題では、「図全体から読み取れる」ことを重視します。格差が大きい国・小さい国を比較したときに、全体としてどのような特徴や傾向があるのか？　それを丁寧に書いてください。

なお、その点について詳しく説明している問題もあります。

> 以下に示すグラフは、いくつかの国の家計消費支出を比較する目的で作成されたものである。このグラフから読み取れる一般的な法則性・傾向性と、そうした現象が生じる原因と考えられるものを 400 字以内でまとめなさい。なお「一般的な法則性・傾向性」とは、個別的な事実の指摘たとえば「中国の人口は日本の約 10 倍である」といったようなことではなく、「アジアの国の方が総じてヨーロッパ諸国より人口が多い」といった指摘を指すものとする。

(慶應義塾大学法学部　FIT 入試〔B 方式〕「総合考査Ⅱ」より一部抜粋)

この問題では「読み取れること」の代わりに、**「一般的な法則性・傾向性」**という言葉を使ってわかりやすく説明しています。いずれにしても、「読み取れること」と聞かれたら、「図全体の特徴や傾向」に言及することは覚えておきましょう。

図表から読み取る問題は、
全体の特徴や傾向を指摘する。

■ 設問は神様である

　さらに、「設問は神様である」ということで出題意図も考えます。「ジニ係数」はよく出題される有名な指標です。図を見れば明らかですが、日本は決して格差が大きい国とはいえません。また、多くの人々が「先進国は格差が小さく、発展途上国は格差が大きい」と考えますが、図を見る限り明らかにそうではなさそうです。

　そもそも国内で格差が発生するとは、具体的に**「誰と誰の間に格差が生まれるのか?」**これも重要な視点です。後ほど、Chapter 8 の「宇宙人」の課題と同様に歴史的経緯から考えます。

　前提を疑う問いは特に有効です。今回の課題では**「なぜ、格差は発生するのか?」**という経済学の重要テーマが出題の背景にあります。これは国家の発展モデルそのものです。図のアフリカを見てください。発展途上国の中にも格差が大きい国と小さい国があります。**「なぜ、このような違いが発生するのか?」**ここがこの問題の最大のポイントです。

> NOTE
> ・この図「全体」から読み取れる特徴や傾向は何か?
> 　→格差の大きい国はどこか?
> 　→格差の小さい国はどこか?
> ・誰と誰の間に格差が生まれるのか?
> ・なぜ、格差は発生するのか?
> ・なぜ、アフリカでは格差の大きい国と小さい国が
> 　存在するのか?

　　　「格差がなぜ発生するのか?」は経済学の基本論点。

■ 「大きい・小さい」の基準

　図から一部の国だけを切り取って説明すると、この図全体から読み取ったことにはならない。したがって、図全体から読み取れる「特徴や

傾向」を書く。このように考えてきました。7つの箱には「格差が大きい国は○○な国で、格差の小さい国は○○な国だ」と書けそうです。

しかし、そもそも格差が「大きい」とか「小さい」とはどのような**基準**で判断できるでしょうか？　これはとても重要な問い立てです。

そもそも「大きい」「小さい」という形容詞は、それぞれ相対的な評価に過ぎません。したがって、自分がどのように定義したのかを示す必要があります。**相対的な形容詞は定義する**と覚えておいてください。

図全体の傾向を示すうえで、たとえば「格差が大きい」にほとんどの国が分類されるのはちょっと不自然です。全体をおおむね3分割できるような割合にして、「格差が大きい」「格差が小さい」にはそれぞれ20〜30%程度を割り振りたいところです。

相対的な形容詞は定義して用いる。

4. 資料の読解

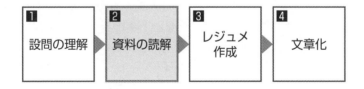

設問の理解 → 資料の読解 → レジュメ作成 → 文章化

■ **具体的な数値を用いる**

ここからは、**2資料の読解**として図を丁寧に見ます。まず、ジニ係数が大きい国は格差が大きく、ジニ係数が小さい国は格差が小さくなることを確認しましょう。

ジニ係数が最も大きい国は、0.60を超える南アフリカ共和国など。次が0.55〜0.59の国（ブラジルやチリなど）、そして0.50〜0.54の

9 データサイエンス

183

国（ニジェールやペルーなど）と続きます。ここまででもまだ数が少ないので、その次の 0.45 ～ 0.49 の国（アメリカやメキシコ、中国など）も格差が大きい国に入れた方がよさそうです。このように、どこまでを格差が大きい国とするかは慎重に検討する必要があります。

　他方、ジニ係数が最も小さい国は、0.25 未満のスウェーデン。次のカテゴリーのジニ係数は 0.25 ～ 0.29（ノルウェーやデンマーク、ドイツ、西アフリカ諸国など）になっています。そして三番目のカテゴリー（フランスやイギリス、イタリアなどの西欧諸国、オーストラリア、カナダなど）は 0.30 ～ 0.34。ここまででかなりのサンプル数になりそうです。ここまでを格差が小さい国と定義することにします。

　ということで、今回は「ジニ係数 0.45 以上の国」を「格差が大きい」、「0.35 未満の国」を「格差が小さい」と定義します。このように図表問題では、具体的な数字を使って定義することが重要です。皆さんが書く答案にも**具体的な数字**を書き入れてください。

NOTE

・この図「全体」から読み取れる特徴や傾向は何か？
　→格差の大きい国はどこか？
　　ジニ係数が 0.45 以上の国（南アフリカ諸国、
　　南米諸国や米国やメキシコ、中国を含む）
　→格差の小さい国はどこか？
　　ジニ係数が 0.35 未満の国（スウェーデン、ノルウェー、
　　デンマークや西アフリカ諸国、西欧諸国などを含む）

図表の問題は具体的な数字を使って定義する。

■ センテンスを入れる箱

　今回は第一文に格差が大きい国、第二文に格差が小さい国を入れます。まず言葉を定義して、「格差が大きい国」は「ジニ係数 0.45 以上」、「格差が小さい国」は「0.35 未満」とします。

　なお、センテンスを入れる箱の中には、できるだけ簡潔な表現を入れます。レジュメ作成や文章化でも共通しますが、小論文では一般的に**国名に略称を使う**ことが多く、アメリカを「米国」、イギリスを「英国」、オーストラリアを「豪州」などとします。なお研究論文などでも、略称を使う方が一般的です。

　また、「ジニ係数」という同じ単語を何度も使わないように工夫しましょう。第一文で「ジニ係数 0.45 以上の格差が大きい国」と示したら、第二文では「0.35 未満の格差の小さい国」として、「ジニ係数」という重複をカットします。無駄に字数を使わなければ、より具体的な情報を盛り込めるはずです。

　しかし、ただ格差が大きい国と小さい国をリストアップするだけでは解答とはいえません。ここからはなぜ、そのような「法則性や傾向性」があるのかを分析し、第三文に傾向性を示します。

NOTE

【センテンスを入れる箱】

1. ジニ係数 0.45 以上の格差が大きい国は、
　　……南アフリカ、米国、中国など

2. 0.35 未満の格差が小さい国は、北欧諸国など

3.

4.

5.

6.

7.

---

5. レジュメ作成　観察・分析

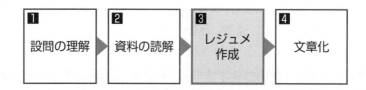

　次は **3** レジュメ作成です。ここで再び、先ほどの問い立てを思い出します。「誰と誰の間に格差が生まれるのか？」「なぜ、格差は発生するのか？」このような **前提を疑う問い** について考えます。「映像」として視覚的に見る感覚を大切にして、想像力を働かせて実際にわれわれが生活している世界を観察・分析します。

　いくつかの解答例を検討しましょう。

■ 現象の原因を探る①

解答例1

先	進	国	は	格	差	が	小	さ	く	、	発	展	途	上	国	は	格	差	が
大	き	い	。																

　最も思いつきやすい解答です。たしかに図を見ると、アフリカなどは格差が大きい国が多く、西欧などは格差が小さくなっています。オーストラリアやカナダも格差が小さいですね。

　しかし、先に示したように、世界第一位の経済大国であるアメリカ、第二位の中国は共に格差が大きい国に分類されています。これら超大国を例外とするのは明らかに不合理です。

■ 現象の原因を探る②

解答例2

北	半	球	は	格	差	が	小	さ	く	、	南	半	球	は	格	差	が	大	き
い	。																		

この解答もよく見られます。図をパッと見ると、たしかに北半球と南半球に差があるようにも感じられます。しかし、北半球やアメリカや中国、南半球のオーストラリアなどを考えれば、必ずしもそうとはいえないことは明らかです。

このような解答を作成した方は、いわゆる南北問題を想定したのだと思います。大航海時代には、キリスト教を口実に欧州列強が植民地を拡大させていきました。そしてモノカルチャー経済など、宗主国・植民地の影響は現在でも色濃く残っています。そのような知識は重要ですが、それによって実際に出題された地図の分析が疎かになるのは避けたいところです。

■ 現象の原因を探る③

解答例3

| 格 | 差 | の | 小 | さ | い | 国 | は | 社 | 会 | 保 | 障 | が | 充 | 実 | し | て | い | る | 。 |

ノルウェーやスウェーデンなどは典型的な福祉国家*であるため、高校生の多くがこのような解答を書きます。たしかに、北欧諸国の格差は全体的に見てかなり小さいのは事実です。

しかし、先に述べたように、格差が二番目に小さいカテゴリーには、福祉などが十分ではない発展途上国の西アフリカ諸国が含まれています。これはなぜなのでしょうか？　西アフリカ諸国の存在を完全に無視して議論を進めるわけにはいきません。

■ 十分に観察・分析する

このように図表をパッと見て「○○と△△の違いじゃないかな」と解答を決めてかかると、そこで思考が停止します。思いつきが壁になって、正しく想像力を働かせられなくなるのです。批判的精神を発揮して、あなたが気づいたことについても「本当にそうなのか？」と疑い、検証す

---

* 北欧諸国では福祉が充実しており、政府は所得再分配を積極的に行っています。これらの国では、育児や医療、教育など多くのサービスが無償化されており、その代わりに、高い消費税、所得税を国民が負担しています。

187

ることは本当に重要なのです。

「観察」という言葉は、**「事物の現象を注意深く見て、何かに気がつく」**ことを表します。一般的な辞書の定義では、観察という言葉は「見ること」に力点がありますが、「気づくこと」も重要な要素です。

この「観察」と対極にあるのが、思いつき（現象をパッと見て、すぐに判断してしまうこと）、あるいは、思い込み（十分に現象を見ることなく、解答を決めてかかること）です。今回の問題でも、ゆっくりと図を見て何かに気がつきましょう。

対して「分析」という言葉は、**「物事や現象を扱いやすい要素に分けて、何かを明らかにすること」**という意味です。分析の本質は「分けること」にあります。分析がうまくいかないのは、複数の要素が絡み合っているからです。どのように分けるのが合理的かを考え、分けることによって何が明らかにされるのかをじっくりと観察します。データサイエンスの問題を解く際には、<u>いかに分けるかが最大のポイント</u>です。

データサイエンスの問題では、注意深く「観察」する。

■ より高度な問いを立てる

ここで、関連する問いを立てます。先ほど立てた「誰と誰の間に格差が生まれるのか？」「なぜ、格差は発生するのか？」はやはり重要です。これらの重要な問いを解くために、**それぞれの国に着眼して**新たな問いを立てます。

格差の大きい国を見てみると、**明らかに傾向が異なる国**があります。南アフリカ諸国や南米諸国が発展途上国なのに対して、アメリカや中国は世界第一位、第二位の経済大国です。なぜ、これらの国で共通して格差が大きいのでしょうか？

次に、格差が小さい国についても検討します。北欧諸国や西欧諸国は先進国ですが、西アフリカ諸国はかなり貧しい地域です。なぜ、これらの国は共通して格差が小さいのでしょうか？

このように格差が大きい国・小さい国をさらに分けていけば、「なぜ、南アフリカ諸国や南米諸国、アメリカや中国の格差は大きいのか？」「なぜ、北欧諸国や西欧諸国は格差が小さいのか？」という問いを容易に立てられます。

　ただなんとなく格差が大きい国・小さい国を眺めていても何の分析にもなりません。格差が大きい国・小さい国についても「いくつかに分けられるのではないか？」と考えます。皆さんがそう思ったら、先進国と発展途上国に分けること自体は簡単に思いつくはずです。重要なのは、**「分けて考える」という強い意志**なのです。

　今回の課題は「なぜ、西アフリカは格差が小さいのか？」が最大のポイントです。貧しい西アフリカ諸国も、豊かで福祉が充実した北欧諸国も格差が小さいのはなぜか？　それらが異なる現象だとするならば、どんなメカニズムが考えられるのか？　このように考えれば、作業はかなり進みます。

> NOTE
> ・誰と誰の間に格差が生まれるのか？
> ・なぜ、格差は発生するのか？
> ・なぜ、発展途上国（南アフリカ諸国）と先進国（米中）は
> 　それぞれ格差が大きいのか？
> ・なぜ、発展途上国（西アフリカ諸国）と先進国（北欧）は
> 　それぞれ格差が小さいのか？

重要なのは、
「分けて考える」という強い意志である。

6. レジュメ作成　想像力を働かせる

ここからは、想像力を発揮させて観察・分析します。

■ 社会全体をイメージする能力

具体的なイメージがないままに格差を論じても意味がありません。とりわけ社会科学の問題は個人の問題ではなく、「社会全体をイメージする能力」が必要です。社会全体をイメージするためには、皆さんの歴史に対する具体的なイメージが重要になります。ここで1つクイズです。1980年代はどんな様子だったでしょうか？　簡単に説明してください。

いかがでしょうか。1980年代は米ソ冷戦期です。ゴルバチョフのペレストロイカ以降、ソ連が急速に変化していった時期です。日本は1985年のプラザ合意後、バブル経済を経験することになります。日本は世界第二位の経済大国として恐れられ、アメリカ国内では日本バッシングも激しく行われました。他方で、国内政治は自民党が長く政権を担当し、派閥政治が幅を利かせ、官僚政治が跋扈する時代でもありました。そして、1989年にはベルリンの壁崩壊、天安門事件などが発生し、昭和が終わります。

小論文ではこのような**時代のイメージ**を持つことは極めて重要です。1950年代、60年代、70年代……2000年代など、それぞれ10年単位でどのように社会が変化したのかを理解しておきます。また、発展途上国で暮らす人々、先進国で暮らす人々についてもイメージが必要です。若者なのか、労働者なのか、主婦なのか、あるいは高齢者なのか。立場によってそのイメージも大きく変わります。

とりわけ、今回のように「格差」などのテーマを明らかにするときには、まず日本の状況を考えるのが基本です。**社会科学の問題では、歴史的経緯から想像を広げてアプローチするのが大原則**です。

■ 歴史的経緯から考える

　ここで、「日本ではどのように格差が発生したのか？」という問い立てをしてみます。まず皆さんに質問です。江戸時代の日本は格差が大きかったのでしょうか？　それとも小さかったのでしょうか？

　江戸時代は、士農工商という身分制度のもと、人口の約85％が百姓（農民）、約7％が武士、そして約5％が町人で、武士や町人もそのほとんどは質素な生活をしていました。そのような状況において、国民の所得格差は決して大きくありませんでした。基本的にはみんなが貧しかったのです。

　日本に限らず、国家が初期の発展段階にある場合、多くの国民は貧しく、国民の所得格差はそれほど大きくなりません。今回の課題でも、西アフリカ諸国の格差が小さい背景には産業が未発達で国民の所得が総じて低い状況があります。アフリカは長期にわたって植民地支配を受け、産業の発展が依然として停滞してきました。農業についても、土地が肥沃でない地域も多く、十分な食料生産ができない。あるいは、ある程度の生産があってもモノカルチャー経済*に頼る国も多いです。

　しかしそれが、国家の発展と共に変化します。日本も、明治期および第二次世界大戦後、近代化に伴って急速に豊かになっていきます。都市ではインフラが整備され、産業の発達とともに雇用が拡大します。地方からは多くの労働者が出稼ぎで都市に訪れ、若い人を中心にして<u>農村から都市へ人口の移動</u>も進みます。

　雇用の拡大は消費の拡大にもつながり、金融が発達し、優れた住宅や車などが供給され、人々の生活は豊かになっていきました。そして逆に、地方では過疎化が進んでいきます。こうして、農村と都市の格差が急速に拡大していったのです。

　現代の中国でも、北京や上海が大きく発展する中で、中国西部を中心に発展が遅れていることは大きな問題になっています。つまり、経済発展が進むと人口は増加し、都市と農村の格差は自然に大きくなる。これ

9
デ
ー
タ
サ
イ
エ
ン
ス

＊ モノカルチャー経済 … 国の産業が数品目の農産物や鉱物資源の生産や輸出に大きく依存した経済のこと。多くの発展途上国にみられ、歴史的起源は植民地時代にまでさかのぼる。

が発展途上国の格差が徐々に大きくなる理由です。

> NOTE
>
> ・なぜ、格差は発生するのか？
>
> 　　経済成長に伴って都市と農村で格差が発生する
>
> ・なぜ、発展途上国（南アフリカ諸国）と先進国（米中）は
> それぞれ格差が大きいのか？
>
> 　　経済成長に伴う人口増加で都市と農村の格差が拡大する
>
> 　　発展途上国も先進国も経済成長が進むと格差が拡大する
>
> ・なぜ、発展途上国（西アフリカ諸国）と先進国（北欧）は
> それぞれ格差が小さいのか？
>
> 　　西アフリカなどは、貧困層が多く経済発展していない。
>
> 　　先進国（北欧など）は、福祉が充実して所得再分配が
> 進んでいる。

■ 視点を変える

　ここで、時間軸をさらに変化させて考えましょう。時間・空間・主体を変化させる方法は Chapter 5 で紹介しました。今回は時間軸を現代に戻します。

　現代を文脈にすると、格差の異なる側面が指摘できます。近年、IT産業の発展に伴って、世界的な格差拡大が問題化しています。

　ピケティの『21 世紀の資本』は、専門書でありながら世界累計で
→p.239
100 万部を突破するなど大きな話題となりました。彼によれば、アメリカの上位 1％が国民総所得に占める比率が拡大し続けており、近年では新型コロナの影響もあり、40％以上を占めていることを指摘しています。株や不動産などを持つ資本家が急速に富を拡大するのに対して、労働者はそれほどの所得拡大には結びつきません。

　このような視点は特にアメリカで重視されており、Chapter 7 に挙げたサンデルの議論を裏付ける重要な論拠となっています。2011 年に
→p.239
は上位 1％の富裕層がアメリカの全資産の 34.6％ を保有しているとし

て、"We are the 99% " というプラカードを掲げて抗議運動が起きました。

　アカデミー作品賞にノミネートされた、トッド・フィリップス監督の『ジョーカー』という映画では、ホアキン・フェニックスが演じる白人男性のアーサーが、殺人を起こし、暴動を引き起こしていく過程が描かれます。アーサーはアメリカ社会の最底辺で、やむをえない状況の中で、暴動の中心人物となっていきます。格差が社会を分断し、不安定にする。このような認識は今もアメリカに根強くあり、大きな懸念事項になっています。そのような状況で、政府は様々な形で所得再分配を進めます。アメリカでは富裕層への優遇措置への批判が強く、また金融規制の強化なども度々議論されています。

　また、中国では習近平政権が2021年ごろから先富論から**共同富裕**＊へ方針を転換しました。巨大インターネット企業に対する指導や取り締まりが強化され、アリババグループ傘下のアントグループの新規上場が延期。それまでメディアで積極的に発言していたジャック・マーは表舞台から姿を消しました。そのほかにも、格差が問題だとして、不動産開発の抑制や学習塾の非営利化など大きな転換が起きました。社会的情勢に関心がある人は、このような文脈から論じることもできたと思います。

> NOTE
> ・誰と誰の間に格差が生まれるのか？
> 　　都市と農村に住む人々の格差
> 　　資産を持つ人と労働者の格差

＊ 共同富裕 … 中国共産党政権が掲げる政治方針。習近平政権が従来の先富論（豊かになれるものから先に豊かになる）から転換を表明した。もともとは1953年に毛沢東が提唱したもので、「貧富の格差を是正し、すべての人が豊かになることを目指す」もの。

■ 論点を整理する

　ということで、格差が発生する背景やそれらの問題点がわかりました。西アフリカ諸国において格差が小さい原因は、北欧などで格差が小さいのと、全く異なる現象だということも理解できたと思います。ここをしっかりと分けて考えられるかが、この問題を解くうえで、最大のポイントでした。あとは議論を整理して、文章化するだけです。

　データサイエンスの問題で出題される図表は、実際の社会を反映しています。図表を見て、**人々がどのようにわれわれの社会を創り出したのかを具体的にイメージする能力**が必要です。どの情報で書くのかよく考えて、「センテンスを入れる箱」に要素を盛り込み、最高の答案を書いてください。

　今回は、科学的に図表を読み取るためには、どこに着眼すればいいのか。客観的にデータを見るとはどうすることなのかを話してきました。客観的に図表を扱うためには、図表のタイトル、縦軸・横軸、変化を読み取るのが基本ですので、覚えておいてください。

7. 文章化

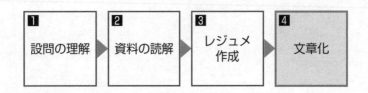

　最後は、**4文章化**です。

■ 禁則事項（〜しないリスト）

　文章化では、アカデミックな論文として仕上げることが重要です。**小論文で原則的に使ってはいけない表現**について注意点を確認します。

　小論文を書き慣れていないうちは、①〜⑤に気をつけましょう。これ

らはアカデミックな論文では厳禁です。また、質の高いセンテンスを構成するうえでは、⑥〜⑧のような重複にも気をつけます。Chapter 10で紹介する「写経」のトレーニングを重ねれば、音読することで不自然だと気づけるようになります。

　少しレベルが上がってきたら⑨〜⑫にも気をつけます。特に、課題文中のキーワードを使う際に定義することは、要約や内容説明の問題でも重要です。

> ① 主観的な言葉（私は、思う、考える など）を使わない
> ② 具体例に「自分の体験談」「(調べないで) テレビで
> 　 ちょっと聞いただけの話」を扱わない
> ③ 口語表現（でも、とても など）や片仮名語（エビデンス、
> 　 ポイント など）を用いない
> ④ ですます調で書かない
> ⑤ 疑問文を多用しない
> ⑥ 同一表現を多用しない（1 パラグラフで原則 2 回以内）
> ⑦ 助詞「の」を連続して使用しない（日本の外交の問題 など）
> ⑧ 冗長表現を使わない → p.122 参照
> ⑨ 主語と述語が一致していないセンテンスを使用しない
> ⑩ 修飾語と被修飾語を離さない→ p.101 参照
> ⑪ キーワードを定義しないで用いない
> ⑫ 不正確に引用を行わない→ p.122 参照

　普段の予習から音読でチェックして、入試本番にこれらを使わないようにしましょう。

　今回も最後に優秀論文を掲載します。

✎8. 添削ラボ　優秀論文・データサイエンス

優秀論文A

この図より、ジニ係数の値が0.45以上の格差が大きい国は、米国や中国、南アフリカ諸国と読み取れる。一方で、ジニ係数が0.35未満の格差が小さい国は、スウェーデンなど北欧諸国や北西アフリカ諸国と読み取れる。この背景には、国家の発展段階に関わる産業構造の違いがある。西アフリカにおいて、植民地支配の影響により、諸国はカカオなど特定の農作物のみ栽培するモノカルチャー経済で経済基盤が弱いため、国民全体が低所得である。他方、米中において製造業やサービス業が発展した結果、出稼ぎなどによる人口移動に伴い発展する地域と労働力を失った各地域の経済力に差が生じるため、所得の格差が大きくなる。しかし、スウェーデンのように法律・制度の整備により所得再分配が進むと、低所得者層にも富が分配され、格差は小さくなる。このように、国の主要産業が農業から工業へと展開する際に所得格差は広がるが、産業が安定すると社会全体として格差は縮小する。

> 全般的にメカニズムはよく書けていますが、やや問題意識が古いです。近年問題になっている、富裕層と労働者の対立という側面にも着眼したいですね。

優秀論文B

この図より、ジニ係数0.45以上の格差が大きい国は南アフリカ、南米諸国、米国、中国などとわかる。他方、0.35未満の格差が小さい国は西アフリカ諸国、欧州諸国、カナダ、オーストラリアなどとわかる。そもそも格差は、その国で特定の産業が発展し、資本家などが富を蓄積することから生じる。サブサハラなどの地域では、国民の所得が低く、総じて格差は小さい。貧困層を多く抱える国では、食料供給すらままならず、格差が発生するような状況にはないのが現状だ。しかし米中など急速に経済成長が進む国では、情報産業などの発展に伴い、資本家や株を持った富裕層が富を享受し、さらには、不動産投資などによって莫大な富を蓄えている。労働者階級の所得水準は大きく変わらないため、そこで格差が生じる。北欧などが豊かでありながら格差が小さいのは、充実した社会保障制度や所得再分配によって、そのような格差が是正されているためだと考えられる。

問題意識は良いですが、全体的なまとめ方としてやや雑な印象を受けます。
それぞれのセンテンスのつなぎ方を検討したいですね。

入試会場での過ごし方

　今回は、入試会場での過ごし方についてお話しします。入試会場に到着すると、様々な受験生がいます。優秀そうに感じて不安になるかもしれませんが、**他人は他人だと思って気にしない**のが一番です。これまで使ってきたノートや参考書などを持ち込んで、繰り返しその内容を復習すると自然に自信が湧いてきます。豊かな気持ちで試験を受けられるようにしましょう。

　試験開始直後、いきなり問題を解こうとするのではなく、問題全体を眺めたうえで、**基本的な戦略**を立てましょう。入試傾向は突然変わることがあります。どんな問題が出題されているのか、ざっくりと目を通しておくことで、様々な事故を防げます。

　問題を解くうえで重要なのは、普段通りの実力を発揮しようと思うことです。どうしても合格したいという想いが強くなると、いつもより早く問題を解こうとしたり、丁寧に問題を解こうとしたりします。しかしそれは結果的にうまくいきません。皆さんにとって最も重要なのは**いつも通り解く**ことです。

　複数の科目を受験する場合には昼休みがあると思います。この昼休みに最もやってはいけないことは、今受けたテストの内容について誰かと話し合うことです。終わったことは気にせず、気分転換に尽力します。ずっと教室の中に居続けるとパフォーマンスが落ちるので、気分転換も兼ねてウォーキングなどで体を動かすようにしましょう。昼食は軽めに。冷たい飲み物やカフェインはトイレに行きたくなるリスクがあるので気をつけましょう。キャンパス内などを歩いて軽く運動するのも有効です。

　結果は後からついてきます。自分の実力が発揮しやすい環境をうまく作り出していくことも重要なことです。ポジティブに受験そのものを楽しみましょう。

Chapter
10

歴史

「写経」のトレーニングのやり方を学びます。
今回が最後の課題です。ここまでに学んだプ
ロセスや技術を使って考えてみましょう。

Chapter 10 歴史

1. 「写経」のトレーニング

　今回は私の授業で紹介しているトレーニング、「写経」についてお話しします。

　文章を読み、考え、書く。それらの根幹に言葉があります。課題文の意味を正確に理解する。物事を分節し、抽象的な概念を扱って思考する。的確にわかりやすく説明し、自分の想いを共感させる。いずれの点でも、小論文には豊富な語彙力や文章構成力が不可欠です。

　そのために最も有効なトレーニングは、**徹底的に読み、考え、書く**ことです。皆さんが子どもの頃から多くの本や新聞を読み、あるいは日記や小説、スピーチなどを書いてきたならば、きっと優れた言語力があると思います。それぞれの学習環境も大いに影響します。**言語力は本来時間をかけてじっくりと身に付くもの**です。

　しかしそんな悠長なことは言っていられない。どうやったら短期的に言語力を向上させられるのか。そう考える方に最高のトレーニングがあります。それが**「写経」**です。

　「写経」は多くの学生の人生を変えてきた、**驚異のトレーニング**です。私はこれまで幾度も、学生が「写経」によってめきめきと言語力を高めていくのを見てきました。ぜひ皆さんも積極的に取り組んでください。

■ 「写経」とは

　小論文を書くうえで目指すべき文体はどんなものでしょうか？　われ
われが書く文章にはそれぞれ癖があります。使用する語彙や言い回し、
話の展開の仕方などには個性があり、大きな魅力になります。夏目漱石
にせよ、村上春樹にせよ、東野圭吾にせよ、一流の作家の文体は簡単に
まねできません。

　しかし小論文ではそのような特殊な文体は必要ありません。目指すべ
きは、**新聞記事で書かれる文体**です。それぞれの新聞は何千人もの記者
が、みんな同じ文体で書きます。主語述語の構造が明確で癖がなく、一
文おおむね50〜60字で構成されます。**5W1H**（いつ・どこで・誰が・
何を・なぜ・どのように）の情報がしっかり盛り込まれ、一定の知的水
準があれば**誰でもすっきり読めるように平易に**書かれています。

　新聞記者がトレーニングしてこうした文体を手に入れるように、小論
文を書くうえでは新聞記事の文体を目標にするのが一番です。そして、
そのために最も有効なトレーニングが「写経」なのです。

　本来写経とは、般若心経などお経を書き写す修行です。しかし、私の
授業での「写経」とは、「新聞の社説を記憶しながら書き写すトレーニ
ング」を指します。ただ写すのではなく、文体を身に付けようと強く意
識してトレーニングすれば、すぐに成果が表れます。

小論文で目指すべきは、
新聞記事で書かれる文体である。

10
歴史

■ 「写経」のやり方

　まずは、**新聞の社説のコピーとＡ４のノート、ストップウォッチ**を用意します。社説とはその新聞社の論説委員が執筆した論説記事の１つで、様々な時事問題について社としての意見や主張を書いたものです。この社説を使って語彙力を磨き、平易な文体を身に付けるとともに、時事問題についての見識を深めます。

　新聞を購読している方はそれをコピーするか切り抜き、購読していない方はインターネットからダウンロードします。皆さんの志望学部が法学部であれば読売新聞、文学部であれば朝日新聞、経済学部や理系学部であれば日本経済新聞をおすすめします。

　Ａ４のノートを一冊用意して、見開きで使います。左側に社説を貼り、右側のページは社説を書き写すスペースとします。書き写す際は横書きで結構です。書きやすいようにスペースは各自調整します。なお、正確に書く能力を高めるために、シャープペンシルではなくボールペンで写経するのがおすすめです。これで基本的な準備は終了です。

「写経」に必要なのは、
社説、Ａ４ノート、ストップウォッチ。

■ 「写経」のポイント

　「写経」の第一段階は**社説の音読**です。10 分ほどで社説を軽く音読します。知らない用語や表現は辞書などで調べてその場で覚えます。時事的な知識もその際に確認します。スラスラ読めるまで音読してください。普段から新聞を読み慣れていないと、音読も大変だと思います。

　スラスラ読めるようになったら第二段階です。ストップウォッチで計って、社説を一文一文**記憶しながらノートに書き写し**ます。一文を丸々記憶するのが難しい時は、２つに分けて覚えても構いません。咀嚼（そしゃく）するようにゆっくりと、正確に記憶しながら写します。

　最初は時間がかかりますが、うまく記憶できないのも含めて楽しみま

しょう。慣れてきたら1本 **20～25分** 程度を目標にします。重要なのは、センテンスを一文一文記憶すること。絶対に社説を見ながら「写経」してはいけません。

「写経」で最も重要なのは、センテンスの記憶。

■ 「写経」の習慣化

初期の段階では、「写経」を **習慣化** するのが重要です。毎日やりましょう。集中して取り組めば早く成果が出ます。忙しいときには社説をノートに貼り、音読だけでも構いません。個人差はありますが、50本程度やると「文章が読める」実感を得られます。難関大学を目指す場合は、最終的には150本を目標にします。特に、小論文の学び始めは基礎的な言語力を向上させた方が効果が高いので、徹底的に「写経」するのが上達の近道です。

より発展的な学習として、複数の新聞社の社説を **比較するのも有効** です。同じテーマでも読売新聞と朝日新聞では全く見解が異なります。社説を比較してなぜ見解の違いが生まれるのかを考えると、現代社会の争点を深く理解できるようになります。

「写経」はひとまず50本を目標にする。

社説

テロの未然防止に不可欠だ

「共謀罪」法案

世界中でテロの脅威が増大している。日本も抑止につながる対策を講じることが欠かせない。

政府が、組織的な重大犯罪を計画した段階で処罰できる組織犯罪処罰法改正案をまとめた。9月の臨時国会に提出する方向で検討している。

過去に3度廃案となった「共謀罪」創設に関する法案を基に、適用対象を絞り込み、新たな構成要件を加えたのが改正案だ。共謀罪の名称は、「テロ等組織犯罪準備罪」に変更する。

2020年に東京五輪の開催を控える。テロ組織の犯罪を未然に防ぐために、必要な法整備を進めることは重要である。

共謀罪を巡っては、「労働組合や市民団体まで対象になる」「居酒屋で上司を殴ろうと意気投合しただけで罰せられる」といった批判があった。対象となる団体の定義や、どんな場合が共謀になるかが不明確だったことが要因だ。

改正案では、適用対象を単なる団体ではなく、組織的な犯罪集団に限定した。構成要件についても、テロに使う薬品を購入するなど、計画した犯罪の具体的な準備行為が必要になる。

テロ行為の合意だけでは足りず、化学犯行に使う薬品を購入するなど、計画した犯罪の具体的な準備行為が必要になる。

国民の懸念を払拭するためにも、捜査当局の恣意的な解釈で適用範囲が広がることがないような仕組みにしなければならない。

共謀罪の創設が議論されたきっかけは、00年の国連総会で、テロやマフィアなどの組織犯罪撲滅を

目指す「国際組織犯罪防止条約」が採択されたことだ。条約は犯罪防止に効果的な共謀罪を設けるよう、参加国に義務づけた。

これまでに187か国・地域が条約を締結したが、日本は未締結だ。現状のままだと、テロ集団などに対する国際包囲網に加わらない弱みにつけ込まれ、日本が狙われる可能性は否定できまい。

国境を超えたテロや麻薬密売、人身売買は後を絶たない。法整備によって、国際連携の枠組みに参加し、要注意人物などに関する情報の交換を緊密にできるようになる意義は大きい。

テロの封じ込めには、端緒の迅速な察知も求められる。

5月に成立した改正通信傍受法により、傍受時の通信事業者の立ち会いが不要になった。

ただ、日本では、特定の犯罪捜査を目的に、裁判所の令状に基づいて実施する「司法傍受」のみが認められている。

欧州ではテロに関する情報収集としての「行政傍受」も行われている。この導入も検討課題だ。

（2016年8月31日　読売新聞）

　世界中でテロの脅威が増大している。日本も抑止につながる対策を講じることが欠かせない。

　政府が、組織的な重大犯罪を計画した段階で処罰できる組織犯罪処罰法改正案をまとめた。9月の臨時国会に提出する方向で検討している。

　過去に3度廃案となった「共謀罪」創設に関する法案を基に、適用対象を絞り込み、新たな構成要件を加えたのが改正案だ。共謀罪の名称は、「テロ等組織犯罪準備罪」に変更する。

　2020年に東京五輪の開催を控える。テロ組織の犯罪を未然に防ぐために、必要な法整備を進めることは重要である。

　共謀罪を巡っては、「労働組合や市民団体まで対象になる」「居酒屋で上司を殴ろうと意気投合しただけで罰せられる」といった批判があった。対象となる団体の定義や、どんな場合が共謀になるかが不明確だったことが要因だ。

　改正案では、適用対象を単なる団体ではなく、組織的な犯罪集団に限定した。構成要件についても、犯行の合意だけでは足りず、化学テロに使う薬品を購入するなど、計画した犯罪の具体的な準備行為が必要になる。

　国民の懸念を払拭するためにも、捜査当局の恣意的な解釈で適用範囲が広がることがないような仕組みにしなければならない。

　共謀罪の創設が議論されたきっかけは、00年の国連総会で、テロやマフィアなどの組織犯罪撲滅を目指す「国際組織犯罪防止条約」が採択されたことだ。条約は犯罪防止に効果的な共謀罪を設けるよう、参加国に義務づけた。

　これまでに187か国・地域が条約を締結したが、日本は未締結だ。現状のままだと、テロ集団などに対する国際包囲網に加わらない弱みにつけ込まれ、日本が狙われる可能性は否定できない。

　国境を超えたテロや麻薬密売、人身売買は後を絶たない。法整備によって、国際連携の枠組みに参加し、要注意人物などに関する情報の交換を緊密にできるようになる意義は大きい。

　テロの封じ込めには、端緒の迅速な察知も求められる。

　5月に成立した改正通信傍受法により、傍受時の通信事業者の立ち会いが不要になった。ただ、日本では、特定の犯罪捜査を目的に、裁判所の令状に基づいて実施する「司法傍受」のみが認められている。

　欧州ではテロに関する情報収集としての「行政傍受」も行われている。この導入も検討課題だ。

　　　　　　　　　　　　　　　　　　　　　　20分11秒

10

歴史

205

2. 実践課題 歴史

今回の課題は制限時間 60 分です。

次の文章を読んで，以下の設問に答えなさい．

　21 世紀を前にして，20 世紀がどのような世紀であったかを顧みると，この世紀は，二つの世界大戦をはじめとして，多くの虐殺や地域紛争があったという事実にあらためて愕然とさせられる．こうした事実だけから考えてみても，20 世紀は＜野蛮＞の世紀だったと総括することができるかもしれない．

　20 世紀の歴史家は，「事実をして語らしめる」という 19 世紀の歴史実証主義の立場に素朴に立つことができなくなっている．というのも，20 世紀になると，歴史的事実をどのようにみるかという問いかけに加えて，過去をふりかえるとはどういう行為なのか，歴史的事実というものはそもそも把握可能なものか，こうした問題が歴史学において真剣に考えられるようになったからである．

　素朴な歴史実証主義の立場に満足できなくなった 20 世紀の歴史家は，歴史的事実には歴史家の解釈や主観が強く入り込んでいることに注目するようになった．つまり，歴史家が過去の出来事を再構成し叙述するとき，「事実の選択と解釈」をおこない，それによって事実を「歴史的事実」として認識することになる．すなわち，歴史的事実は，けっして歴史家の目の前にはじめから存在するものではなく，歴史家が選択し創造した産物だと考えるようになったのである．しかしこう主張しているからといって，「証拠」を無視して歴史的事実をねつ造することが許されるわけではなく，むしろ「証拠」こそが解釈の妥当性を判断する根拠になるとみなされていることに留意しなくてはならないだろう．

　一方，現在の関心からの問いかけにもとづいて歴史的事実が選

択されるということを，さらに強調して考える立場に立つ歴史家もでてきた．こうした歴史家によれば，歴史を語るということは，言語を用いた行為であり，したがって，言語によって書かれた「テクスト」こそが歴史的事実を「構成する」ということになる．つまりこの立場は，歴史を解釈するとき，ある歴史解釈が他の解釈より真実に近いとみなすことのできる基準を，客観的な「証拠」という歴史的事実に求めること自体に疑問をなげかける．言いかえれば，歴史を解釈し物語るときに大切なことは，証拠に裏づけられた歴史的事実そのものではなく，一定の解釈の枠組みのなかで首尾一貫した「プロット（筋書き構成）」を生み出すことである．このプロットこそが歴史的事実をつくっていくのであって，歴史的事実がプロットをつくるのではないということである．こうした歴史解釈をさらに推し進めていくと，「歴史的事実は無で，解釈が一切」ということになり，したがって，「無限の解釈」が許されるという極論まであらわれてくることになる．

こうした<u>現代の歴史学上の対立</u>を軸に 20 世紀をふりかえるとき，この 100 年間の歴史はどのようにとらえることができるであろうか．

設　問

I　下線部の「現代の歴史学上の対立」とは，歴史叙述をめぐるどのような対立なのか。80 字以上 100 字以内で述べなさい。

II　1931 年の満州事変にはじまり，1945 年の終戦にいたるまで，日本は一連の軍事的な活動をおこなった。この軍事的な活動が，日本がアジア諸国に対しておこなった「侵略戦争」であったという見解と，欧米列強の経済的圧力に対する「自衛戦争」であったという見解の二つの解釈があるとすれば，こうした解釈の対立

は＜なぜ＞生ずるのか。課題文の内容と設問Iの答えを踏まえて，歴史解釈上の問題として、160字以上200字以内で述べなさい。

III　20世紀は、ホロコースト（ナチスによるユダヤ人虐殺）、南京虐殺、原爆投下、ポル・ポト政権下の虐殺など、多くのジェノサイド（大量虐殺）がおこなわれた「野蛮な」世紀として後世の人々に記憶されるかもしれない。こうした出来事を理解し叙述するときに、課題文で論じられている歴史的事実と解釈の問題にどう向き合ったらいいのだろうか。あなたの見解を460字以上500字以内で述べなさい。

（慶應義塾大学経済学部　一般入試）

　本書ではこれまで小論文を書くうえでのマニュアル、「探究の教科書」という側面を重視して説明してきました。最後の課題では、具体的な時事的問題を強く意識して解説します。先に述べた、新聞の社説を活用するイメージを大切にしてください。

　今回の課題のテーマは、近年よく出題される「歴史」についてです。文学部はもちろん、法学部や政策系の学部など多くの学部で頻出です。1971年、ベトナム戦争のさなかに「戦争を知らない子供たち」という曲がヒットしました。しかしそれから50年が経過し、今や日本人で戦争を経験した人はわずかしかいません。われわれは戦争をどのように考えるべきなのでしょうか。

　私個人としても、大学・大学院で安全保障政策を専門としていたので、思い入れの強いテーマです。今回は学生の論文は掲載しません。それぞれの設問に即して、解答例を示します。

3. 設問の理解　時事的知識を使う

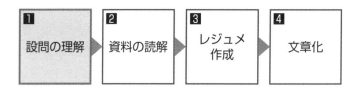

まずは**❶設問の理解**から始めます。「設問は神様である」という原則に基づき、今回は先に出題意図を探るところから始めます。小論文は**時事的な問題を背景にして出題される科目**です。

■ 頻出テーマ　価値相対主義

　近年、多くの大学で「戦争」というテーマが出題されます。その背景には、ロシアのウクライナ侵攻があります。2022年2月にロシアがウクライナに侵攻して、日本でも様々な議論がなされました。ＳＮＳでは、#NoWarなどのハッシュタグが使われ、反戦的な運動が多数見られたのを覚えている方も多いでしょう。多くのミュージシャンや起業家などがこの反戦運動に参加しました。「戦争はやめるべきだ」これは共通の想いです。

　しかし、"No War" には一定の批判もあります。そもそも、この "No War" とは誰に向けたメッセージなのでしょうか？　日本ではスローガンを掲げる多くの人が「誰に、何を求めているか」が曖昧になっています。戦争がよくない、やめるべきだというのはわかりますが、それを誰に訴えるのかは極めて重要です。

　東野篤子氏や細谷雄一氏、高橋杉雄氏など、国際政治学者の多くは、国際法を破り武力を行使したロシアを厳しく批判しました。「ロシアの行動は国連憲章に違反しており、どんな理由があっても正当化されない」「ロシアはウクライナから即座に撤退すべきだ」"No War" というメッ

セージが、ロシアのプーチン大統領に対するものであるならば、誰でも納得できます。

しかし、"No War" と主張する人々には、ウクライナのゼレンスキー大統領に向けて、「即座に停戦すべき」と主張する人もいます。橋下徹氏はゼレンスキー大統領が早期に国外退去して、人々の生命を守るべきだったと議論します。

国際法を破って武力を行使したロシアではなく、壊滅的な被害に遭うウクライナに対して停戦を求める。その背景には、何よりも命が重要だという考え方や、ウクライナやアメリカにも一定の問題があるとの認識があるようです。国際政治学者でも、伊勢崎賢治氏などは停戦を強く主張しています。

「ロシアだけが悪いとはいえない」という認識はテレビ番組でもよく見られます。タレントの太田光氏が「『圧倒的な正義』っていうのはないんじゃないかっていうことですよね」「プーチンは僕らから見たらそりゃ悪です」「ただ、プーチンの中にも彼なりの正義がある」と発言したことがメディアで報じられました。

このような状況に対して、慶應義塾大学教授の細谷雄一氏は、国連決議や国際人道法、戦時国際法などのように幅広く受け入れられてきた合意とロシア一国が声高に自己主張する「正義」とでは重みが異なるとして、価値相対主義的な議論を否定します。

価値相対主義* は Chapter 7「社会を成す」で議論した重要な問題意識でした。そして、今回の課題も歴史認識と価値相対主義が大きなテーマです。

そもそも小論文は価値判断を求める科目であり、ある意味で価値相対主義を否定する科目でもあります。日本では公の場で政治的な問題について意見を明確にしない傾向があります。しかしなぜ特定の場合においては、価値を選択しなければならないのか。法学部ではとりわけ頻出のテーマですが、今回の課題でも設問Ⅲがまさにそのような内容になっています。

なお、皆さんが学習するうえで、<u>**知識人の誰がどんな議論をしたか**</u>を理解することはとても重要です（この章ではあえて多くの人名を挙げています）。小論文でも志望理由書でもディスカッションでも、社会科学での論証は具体的に「誰が何を主張したのか」を示さなければ、曖昧で意味のない議論になります。皆さんも重要なテーマについては、ぜひ<u>**学者や政治家の議論をノートにまとめて**</u>ください。

学者や政治家の議論を整理・分析して、
自分の意見を構成する。

■ 小論文と価値判断

　「戦争をすべきではない」という主張についてはおそらく誰も否定しませんが、その手段についてはかなり意見が割れます。憲法9条を重視する立場からは、日本は外交を重視して、あらゆる軍事的な行為に関わるべきではないとの結論が導かれ、他方で安全保障政策を重視する立場からは、戦争が発生しにくい状況を作るには外交に加えて、軍事力による抑止が重要と論じられます。

　皆さんはどう考えるでしょうか？　重要なのは<u>**小論文という科目は、あなたの価値判断が求められる**</u>ことです。入試でも、あなたの選択した価値は大いに尊重されます。何を選択したかではなくその論拠が重要です。議論を曖昧にせず、一人の人間として、国民としてどうあるべきかを真摯に考え、それを明確に主張することがこの科目の原点なのです。そして、それが民主主義社会をゆっくりと深化させていきます。

小論文は価値判断が求められる科目である。

＊ 価値相対主義 … 絶対的に正しい真理や価値が存在することを否定し、いかなる価値観も相対的で優劣はないとする見方。

4. 設問の理解　哲学的な視点から考える

　次に設問を見てみます。今回は3つの設問で、制限時間は60分。ま
ず設問に目を通し内容をおおまかに把握して、ざっくりと時間配分を考
えます。

■ 設問が複数ある場合の時間配分

　設問Ⅰは内容説明の問題で、資料が正しく読解できれば難しくありま
せん。これに対して、設問ⅡとⅢはいずれも意見を提示して論証が求め
られます。タイムマネジメントでは逆算思考が重要なので、先に設問
Ⅲにかかる時間を把握します。制限字数500字で配点も高いはずです。
文章化には12分程度かかるので、ざっくり25分ぐらいかけたいとこ
ろです。

　設問Ⅱは200字で15分ほど。設問Ⅰも100字で資料読解も含めて
15分ぐらいでしょうか。ざっくりと時間配分を考えて即座にスタート
します。

■ 出題の意図を考える

　「設問は神様である」ということで、もう一度出題意図を考えます。
ここでは時事的な側面ではなく、**哲学的な視点**から「歴史とは何か？」
を議論しましょう。

　歴史認識の問題を語るうえで重要なのは、歴史 (history) は**物語
(story)**であることです。history という単語の起源には諸説あります
が、昔の英語では history と story とは区別されていませんでした。歴
史は事実の蓄積ではなく、人々がそれらにどのような解釈を与えたのか
という物語 (story) です。そのような事実と解釈の関係は日常生活でも
しばしば起きます。

　たとえば、彼氏と彼女が争っている場面を想定しましょう。喧嘩の発
端が何なのか？　誰が何をしたのか？　言い方がどうだったのか？　二
人にそれぞれ話を聞くと、両者の認識は異なり、全く別の話のように聞

こえる。そのようなことはよくあります。両者の意見を検証しなければ事実はわかりません。そもそも人間の認識は偏っています。皆さんも片方の話だけを聞いて安易に判断しないことは重要ですね。

　人間は自分が重要と考えるものだけを見て、独自の解釈を作り上げます。重要なのは、そのようなことが歴史解釈でも起きることです。

　第二次世界大戦について、日本人と韓国人、あるいはアメリカ人の認識が異なるのはある意味で当然です。それぞれの国が置かれた立場は異なり、また、教育やメディアの論調も決定的に異なります。われわれが当たり前だと思っていることは、全く当たり前ではないのです。そのような歴史の難しさを心に留めて、さっそく資料を読みます。

5. 資料の読解

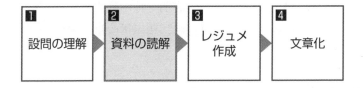

　2資料の読解に入ります。今回はこれまでよりも長い文章を扱います。Chapter 7 と同様に、まずは「文章は言い換えで構成される」という原則を使って、パラグラフ構造の説明をします。

■ パラグラフの情報を整理する

　Chapter 7 を思い出しましょう。文章は言い換えで構成されます。新情報（核心）が提示されたら、その後には内容説明が続きます。新情報と内容説明がイコールの関係になり、「より充実した情報」として言い換えられているのです。あるいは、新情報（核心）を提示したら、そ

の後に理由説明が続きます。ここでも、新情報と理由説明が１つの塊となり、同じ事柄が言い換えられています。

このように、新情報が提示されたら、必ずその後には内容説明や理由説明が続くことになります。今回はこの原則を読解に即して少しアレンジします。読解する際には、**核心を記憶して、内容説明・理由説明を探す**と考えてください。ポイントは核心を記憶して地図のように活用することです。そうすると画期的に読みやすくなります。

あともう１つ重要なのは旧情報です。*旧情報が提示されたら新情報（核心）を導く*という原則があります。旧情報は一般的にパラグラフの冒頭で示されることが多いです。旧情報を見つけたら、その後に新情報（核心）が登場して、新たに展開していくのではないかと考えます。これは実際に課題文を見てもらった方がわかりやすいです。同様に、**場面が変化した場合も新情報を導く**ので注意が必要です。

> 核心を記憶して、内容説明・理由説明を探す。
> 旧情報や場面変化は、新情報（核心）を導く。

■ マーカーで理解を深める

今回はその原則を理解していただくために、１つ作業を行ってもらいます。本書では新情報を<mark>赤線</mark>、説明は**太字下線**、旧情報は*斜体下線*を使って表していきます。皆さんはご自分でテキストの上から、新情報には赤、説明には黄、旧情報には緑のマーカーを引いてください。また、場面設定には<u>青ペンで波線</u>をお願いします。テキストの上から色を付けてなぞることでその感覚が身に付きます。

```
  場面設定  →  新情報（核心）  →  説明
 青ペン波線     赤マーカー      黄色マーカー

  旧情報  → （場面設定） →  新情報（核心）  →  説明
 緑マーカー
```

最終的には皆さんが**予習の際に自分でマーカーを引く**のが目標です。最初は難しいのですが、「写経」でも同じ作業を続けていけば、徐々にできるようになります。

　マーカーを引くコツは、<u>最小限にする</u>、<u>赤→黄→緑→赤→黄</u>という順番を意識することです。新情報（赤）の次に、その言い換え（黄）、旧情報（緑）を絞って、また新情報（赤）、そしてさらにその言い換え（黄）。赤が来たら必ず黄色が来る。その次は緑。そんな感じでリズムよく引いていくとうまくなります。

　また、最初はたくさんマーカーを引きたくなりますが、最小限に抑えましょう。マーカーは文章中の情報を絞って理解を促進する役割を果たします。あれもこれもマーカーを引くと、本来の役割を果たすことができなくなりますので注意してください。どこに引くか考え抜いて最小限にする感覚がとても重要です。

　マーカーはあくまでツールで、重要なのは読解の流れを掴むこと。「写経」を通してぜひトレーニングしてください。

マーカーを引くときは、最小限。
赤→黄→緑→赤→黄という順番を意識する。

■ 第一パラグラフの構造

それでは、実際にやってみましょう。課題文の第二段落からスタートします。

20世紀の歴史家は，「事実をして語らしめる」という19世紀の歴史実証主義の立場に素朴に立つことができなくなっている．というのも，20世紀になると，歴史的事実をどのようにみるかという問いかけに加えて，**過去をふりかえるとはどういう行為なのか，歴史的事実というものはそもそも把握可能なものか**，こうした問題が歴史学において**真剣に考えられるようになったからである．**

第一文で新情報（核心）が提示されています。一文まるまるマーカーを引かずに、ＳＶの中心部分だけ引きましょう。必要のない部分には引かないのがコツです。ここで「核心を記憶して、内容説明・理由説明を探す」という原則を思い出して、19世紀の歴史実証主義＊に立てなくなった「理由」を探します。

直後を見ると、「過去をふりかえるとはどういう行為なのか，歴史的事実というものはそもそも把握可能なものか」が「真剣に考えられるようになったから」とありますので、黄マーカーを引きます。ここで、「〜から」に注目してください。「から、ので、ため」は理由を表す典型的な表現になるので、覚えておきます。なお、「から」が口語的な表現で、「ので」「ため」は書き言葉で使われることが多いです。

「から、ので、ため」は理由を表す。

■ 第二パラグラフの構造

> 素朴な歴史実証主義の立場に満足できなくなった*20世紀の歴史家*は，歴史的事実には歴史家の解釈や主観が強く入り込んでいることに注目するようになった．｜つまり｜，歴史家が過去の出来事を再構成し叙述するとき，「事実の選択と解釈」をおこない，それによって事実を「歴史的事実」として認識することになる．｜すなわち｜，歴史的事実は，けっして歴史家の目の前にはじめから存在するものではなく，歴史家が選択し創造した産物だと考えるようになったのである．｜しかし｜こう主張しているからといって，「証拠」を無視して歴史的事実をねつ造することが許されるわけではなく，むしろ「証拠」こそが解釈の妥当性を判断する根拠になるとみなされていることに留意しなくてはならないだろう．

　このパラグラフでは、「20世紀の歴史家」が旧情報です。緑マーカーを引きます。旧情報集約はパラグラフの冒頭、特に主語の位置で行われるのが一般的で、旧情報を集約した後、新情報が導かれます。「旧情報は新情報を導く」という原則を覚えてください。

　また、「歴史的事実には」が場面設定です。青ペンで波線を引きます。「〜には」や「〜では」などは場面設定を表します。「歴史家の解釈や主観が強く入り込んでいる」が新情報（核心）なので赤マーカー。赤マーカーを引いた核心はその後必ず展開します。逆に言えば、その後展開するから赤マーカーを引くともいえます。赤マーカーを引くか不安なときには、情報がその後展開しているかを確認してください。

　この後再び、「核心を記憶して、内容説明・理由説明を探す」という原則を使います。第二文では、「つまり」という「言い換え」を表す言葉があり、「歴史家が過去の出来事を再構成し叙述するとき」と場面が変わりました。理由説明は、「事実の選択と解釈」によって「事実を『歴

----

* 歴史実証主義 … 科学的思考を重視して厳密な史料批判を行い、事実のみに基づいた歴史記述を行う立場のこと。20世紀には、証拠を積み上げることによって事実を明らかにするという問題意識から、より本質的な議論がなされるようになった。

史的事実』として認識」するという部分です。

　理由説明かを確認するためには、自分で**「～ので」**を加えてみるとよいです。この場合、「～ので」を加えてみて、「事実を『歴史的事実』として認識」するので、「歴史家の解釈や主観が強く入り込んでいる」とすればうまく意味がつながります。こうやって確認するとわかりやすいです。

「～ので」を補って、理由説明を確認する。

■ カギカッコの使い分け

　ここで重要なのは、筆者は歴史的事実と「歴史的事実」を使い分けていることです。第一文の歴史的事実には**カギカッコ**がなく、第二文の「歴史的事実」にはカギカッコが付いています。文脈から判断すると、歴史的事実が「一般的に認識される歴史的事実」を指すのに対して、このカギカッコが使われた「歴史的事実」とは、「ある特定の歴史家が作り出した歴史的事実」を指しています。

　なお、「証拠」にもカギカッコが付いているのは、特定の歴史家が選択した証拠だからです。「事実の選択と解釈」や、その後の「テクスト」にカギカッコが付いているのも同様の理由です。このように読解では、**カギカッコが重要な役割を果たすこともあるので注意が必要**です。

　その後、「しかし」以降で「『証拠』こそが解釈の妥当性を判断する根拠」になるという内容説明も加えられました。この部分は補足説明となり、この後は展開していません。**その後展開しない情報には赤マーカーは引きません。**

読解ではカギカッコが
重要な役割を果たすこともある。

> 　一方，現在の関心からの問いかけにもとづいて*歴史的事実が選*
> *択*されるということを，さらに強調して考える立場に立つ歴史家
> ⑩でてきた．こうした歴史家によれば，歴史を語るということは，
> 言語を用いた行為であり，したがって，**言語によって書かれた「テ**
> **クスト」こそが歴史的事実を「構成する」**ということになる．つ
> まりこの立場は，歴史を解釈するとき，ある歴史解釈が他の解釈
> より真実に近いとみなすことのできる基準を，客観的な「証拠」
> という歴史的事実に求めること自体に疑問をなげかける．言いか
> えれば，歴史を解釈し物語るときに大切なことは，証拠に裏づけ
> られた歴史的事実そのものではなく，**一定の解釈の枠組みのなか**
> **で首尾一貫した「プロット（筋書き構成）」を生み出す**ことである．
> このプロットこそが歴史的事実をつくっていくのであって，歴史
> 的事実がプロットをつくるのではないということである．こうし
> た歴史解釈をさらに推し進めていくと，「歴史的事実は無で，解
> 釈が一切」ということになり，したがって，**「無限の解釈」が許**
> **されるという極論まであらわれてくる**ことになる．

10
歴史

　第一文の「一方」で対比を予想します。前のパラグラフでは、「『証拠』
こそが解釈の妥当性を判断する根拠」と考える歴史家①が書かれていた
ので、そうではない歴史家②がいるはずです。ここは旧情報と核心の順
番がこれまでとは逆で、「歴史的事実が選択」が旧情報、「現在の関心か
らの問いかけにもとづいて」が新情報です。このようにセンテンスの内
部で旧情報と新情報が倒置することもあります。なお、「も」が追加を
表すのも重要です。

　それではまた、内容説明・理由説明を探します。証拠についての議論
は前のパラグラフの歴史家①に関する内容です。そこをサラッと読みな

がら、「現在の関心からの問いかけにもとづいて」の内容説明を探します。内容説明は、「一定の解釈の枠組みのなかで首尾一貫した『プロット（筋書き構成）』を生み出す」です。「現在の関心からの問いかけ」が「一定の解釈の枠組み」とイコールになることを確認します。

この２つがイコールなのはちょっとわかりにくいですが、たとえば、「ジェノサイドは許されない（核兵器の使用など）」とか「女性に対する性的搾取は許されない（慰安婦問題など）」など、当時の価値観とは別に、現在の価値観から問題とされている「関心」のことを指します。

そしてその後、こうした解釈だと「無限の解釈が許されるという極論」までも現れる、との問題点（補足的な内容説明）が示されています。この部分も展開しませんので、核心ではなく補足的な説明と考えます。

なお、ここで使われている**「テクスト」**は現代文などで必須の単語です。「テクスト」は記号論や構造主義などでよく使われ、**分析や解釈の対象となる「作品」**を指します*。この「テクスト」という言葉が使われる際には、「解釈が色々あり、読み手によって変わる」という含意があります。

課題文の筆者は一定の解釈の枠組のなかで作られた、首尾一貫した「プロット（筋書き構成）」のことを、歴史家②が作った「テクスト」＝作品と捉えています。そして、「プロットが歴史的事実を作るのであって、証拠が歴史的事実を作るのではない」と説明しているのです。

テクストとは、
分析や解釈の対象となる「作品」のことを示す。

■ 筆者の議論をまとめる

　筆者の主張をまとめます。筆者は、20世紀の歴史家は歴史的事実には「歴史家の解釈や主観が入り込む」ことに注目するようになった、と言います。ポイントは「歴史家の解釈や主観」です。

　「特定の歴史家が過去の出来事を再構成し叙述するとき，『事実の選択と解釈』をおこない，それによって事実を『（その歴史家が作った）歴史的事実』として認識する」ということです。したがって、歴史的事実とは最初からあるものではなく、すべて「（特定の）歴史家が選択し創造した（主観的な）産物」ということになります。

　しかし、だからといって捏造は許されないので、「（歴史家が選択した）証拠」こそが解釈の妥当性を判断する根拠と考える。このように考えるのを歴史家①とします。

　他方で、筆者は「現在の関心からの問いかけにもとづいて歴史的事実が選択される」と主張する歴史家②もいる、とします。歴史家②は、「『（特定の歴史家が選択した）テクスト（解釈の枠組み）』こそが歴史的事実を『構成する』」といいます。この議論に基づけば、特定の歴史家が先にプロットを作り、その中で歴史的事実が解釈として「構成」されていくとするのです。しかしそうすると、無限の解釈が許されるという問題も起きる、としています。

　歴史家が主観的に「証拠」の選択、「プロット」の解釈を行うことによって、歴史が作られる。これが筆者の中心的な主張です。ここから設問を考えます。

10
歴史

＊ 対して、「テキスト」という言葉は、主に「文章」のことを表しており、そこから、教科書やコンピューター用語の文字データなどの意味で使われます。この2つはよく似ていますが、明確に違うものです。

6. レジュメ作成　設問Ⅰ・Ⅱ

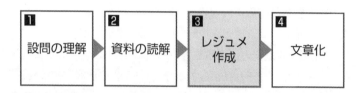

それでは**❸レジュメ作成**です。

■ 設問Ⅰへのアプローチ

> Ⅰ　下線部の「現代の歴史学上の対立」とは、歴史叙述をめぐる
> どのような対立なのか。80字以上100字以内で述べなさい。

「現代の歴史学上の対立」とは何かを説明する問題です。これまで読解した内容を理解していれば瞬殺できます。解答を書く際にも、**M（場面設定）ＳＶの構造**を使います。Chapter 6でお話ししたセンテンスの基本構造を思い出してください。今回はどんな場面が想定されているでしょうか？　本文の表現をできるだけそのまま使って、端的に表現できる言葉を選択します。「歴史家が歴史的事実を選択し解釈するうえで」などと場面設定するのが良さそうです。解答例を見てみましょう。

解答例1

現	代	の	歴	史	学	上	、	歴	史	家	が	過	去	の	出	来	事	を	再
構	成	し	叙	述	す	る	際	、	客	観	的	な	「	証	拠	」	が	用	い
ら	れ	る	場	合	と	、	一	定	の	解	釈	の	枠	組	み	の	中	で	首
尾	一	貫	し	た	「	プ	ロ	ッ	ト	」	が	用	い	ら	れ	る	場	合	の
対	立	で	あ	る	。														

100

解答例２

歴史的事実は「事実の選択と解釈」が行われた産物であり「証拠」こそが解釈の妥当性の根拠になるという考え方と、歴史的事実は「プロット」により構成され「無限の解釈」が許されるという考え方の対立。

解答を作成する際には、なんとなく文章を作るのではなく、**解答として必要な要素をピックアップする**のが先決です。今回の場合は「証拠」と「プロット」の対立を示すことと、その内容説明をすることです。そこで２つの解答例を比較してみましょう。

いずれの解答例も「証拠」と「プロット」の対立を示せているのは良いですが、解答例２は余計な情報が入り、プロットの内容説明がやや弱いのが欠点といえます。

課題文では、プロットは「筋書き構成」であり、「一定の解釈の枠組みのなかで首尾一貫」したものと定義されていました。**本文で使用するキーワードは必ず定義する**のが原則なので、これら要素も盛り込むべきでした。なお、解答例１でも定義はやや不十分で、プロットが「筋書き構成」であることを明示すべきです。

解答を作成する際には、なんとなく「重要そうな表現」を使うのではなく、内容を説明するうえで**必要な要素を吟味する感覚**が必要です。

解答を作成する際にはまず
解答として必要な要素をピックアップする。

■ 設問Ⅱへのアプローチ

Ⅱ　1931年の満州事変にはじまり、1945年の終戦にいたるまで、日本は一連の軍事的な活動をおこなった。この軍事的な活動が、日本がアジア諸国に対しておこなった「侵略戦争」であったという見解と、欧米列強の経済的圧力に対する「自衛戦争」であったという見解の二つの解釈があるとすれば、こうした解釈の対立は＜なぜ＞生ずるのか。課題文の内容と設問Ⅰの答えを踏まえて、歴史解釈上の問題として、160字以上200字以内で述べなさい。

　設問Ⅱは課題文の範囲を超えて、皆さんが考える問題です。1945年8月15日に終結した戦争には侵略戦争と自衛戦争との2つの見方がある。この解釈の対立はなぜ生じるかが問われています。設問Ⅰの答えを踏まえるので、「証拠とプロット」を使うことがヒントになります。それでは以下のような解答例はどうでしょうか。

解答例1

日中戦争での日本の軍事的活動に「侵略戦争」と「自衛戦争」の二つの解釈が生じるのは、歴史的事実への見解で対立するからだ。なぜなら、アジア諸国に行った活動には証拠が存在し、それが日中戦争を「侵略戦争」と解釈する根拠となりうる。しかし、欧米列強からの圧力の証拠はないが、一定の解釈の枠組みで考えると「自衛戦争」と解釈できるのだ。したがって、歴史的事実の妥当性の判断基準が異なることが対立を生じさせる。

解答例2

第二次世界大戦において日本軍が中国や朝鮮半島で様々な主権侵害と人々への蛮行を繰り返したことには膨大な「証拠」が存在しており、日本の軍事的活動は「侵略戦争」だったと解釈できる。しかし、「日本人の国民的誇りを取り戻すことが必要」との現在の関心から歴史的事実の選択と解釈を行った場合、あらゆる証拠を無視して無限の解釈が可能となり、「自衛戦争」だったとの解釈が生まれる。

　これら2つの解答例は設問Ⅰの「証拠とプロット」の対比を活用しており、よく書けているように思えます。しかし、課題文は本当にこのような内容なのでしょうか？

　課題文ではたしかに「証拠とプロットの対立」について書かれています。しかし、筆者の主張は「歴史的事実には歴史家の解釈や主観が強く入り込む」という点に力点があります。そしてその際に「証拠」を重視する立場と、「プロット」を重視する立場があると論じているのです。つまり、筆者は「証拠は客観的で絶対的」とは全く言っておらず、「証拠の選択や解釈にも主観が働く」というのが主張になっています。

　上記の解答例は証拠を「客観的で絶対的」と考えており、証拠に基づけば、先の大戦は「侵略戦争」だと思い込んでいます。そのような解答を書いてしまうのは、カギカッコに注目できなかったのもあるでしょう。しかしおそらく、第二次世界大戦は「侵略戦争」だという**強いバイアスが読解をゆがめている**のです。これは絶対にやってはいけないことです。

■ 頻出テーマ　解釈の多様性

　ここで皆さんに質問です。皆さんは「1945年8月15日に終結した戦争」のことを何と呼んでいるでしょうか？　この戦争には大きく分けて4つの呼称があります。

　第二次世界大戦、太平洋戦争、十五年戦争、大東亜戦争。これらの呼称を聞いたことはあるでしょうか？　これらはすべて異なるプロットを背景としています。

　第二次世界大戦という呼称は、「日独伊というファシズム国家が世界と戦った」とのプロットに基づきます。世界史を学習した人は聞き慣れているでしょう。

　太平洋戦争は、「1941年の真珠湾攻撃以降、太平洋で日本がアメリカと戦った」というプロットに基づきます。日本史を選択している人はこちらがなじみ深いでしょう。

　十五年戦争は、「1931年の満州事変以降を日本のアジアに対する侵略行為」とするプロットに基づきます。日本のアジアにおける侵略を強調する見方です。

　大東亜戦争は、「日本がアジアを解放し、大東亜共栄圏を作ろうとした」というプロットに基づきます。戦時中の日本では、この大東亜戦争という呼称が用いられていました。現在ほとんど使われないのは、戦後GHQがこの呼称の使用を禁じたという背景があります。日本の自衛戦争が強調される見方です。

　いずれのプロットも、先の大戦の一部分を切り取って説明している点で間違っていません。このように、歴史家がどのような立場に立つかによって見方は大きく異なるのです。

　そして、証拠も同様です。先ほどの解答例では「自衛戦争との証拠はない」としていましたが、そんなはずはありません。当時の日本は国際社会から孤立し、ABCD包囲網による資産凍結と石油の全面禁輸措置によって非常に深刻な状況でした。そこで自衛のために戦争を行おうとした。そのような要素が全くなかったはずはありえず、いうまでもなく、**「自衛戦争」という証拠も存在**します。

■ why を複数回重ねる

設問Ⅱのポイントは、なぜ、自衛戦争と侵略戦争という見方の違いが生じるのかでした。まずは、**「なぜ、解釈の違いが生まれるのか？」**という問いを立てます。皆さんもよく考えてください。表面的な議論に終始せず、<u>why を複数回重ねましょう</u>。

「なぜ、解釈の違いが生まれるのか？」それは、設問Ⅰで見たように、証拠の選択もプロットの解釈にも個人の主観が働くからです。しかしこれだけだと、やや表面的に感じます。ここで新たに**「なぜ、個人の主観に違いが生まれるのか？」**と問いを立てます。

それはおそらく、われわれがそれぞれ異なる立場だからです。韓国や中国に暮らすのか、日本に暮らすのか。それはやはり大きな差です。自分の祖先が、日本兵によって殺された。そのような事実を前にすれば、遺族が先の大戦を侵略戦争と考えるのは当然です。あるいは逆に、当時の日本の厳しい状況について小説や映画を観るなどすれば、先の大戦は自衛戦争と考えるかもしれません。

ここでさらに、「立場が異なるとどんな違いがあるのか？」という問いを立てます。国が異なれば、教育やメディアなど周辺環境も変わります。自分が通う学校でどんな教育を受けるか。どんな新聞を購読するか。家族がどんな認識なのか。普段触れる情報によってわれわれは主観や偏見を育んでいきます。

もう一歩深めましょう。さらに「なぜ、そのような偏見が生まれるのか？」と問いを立てます。それは、人間が自分の意見を構成するうえで他者の意見を参考にするからです。人間は他者の意見を何回も聞いていると、あたかもそれが自分の意見かのように誤解します。メディア学ではそのことを**パロティング**と呼びます。そして、そもそも人間が周りの影響を受けやすいのも大きな理由です。これぐらい深めれば十分でしょう。なお、学習を深めるために、以下の NOTE では発展的な議論も加えています。

> NOTE
>
> ・なぜ、解釈の違いが生まれるのか?
>
> 　　個人の主観に違いがあるから
>
> ・なぜ、個人の主観に違いが生まれるのか?
>
> 　　育ってきた環境（教育・メディア・家庭）などが異なる
>
> 　　から
>
> ・立場の違いはどのような問題を引き起こすのか?
>
> 　　周りの影響を受けて、偏見などが発生しやすくなる。
>
> 　　　例 パロティング、エコーチェンバー

　why を複数回重ねることによってやっと本質的な解答にたどりつけました。皆さんはどこまでできたでしょうか?　解答例を示します。

解答例3

解釈の対立が生じる理由は、人々に立場や環境の違いがあるからだ。証拠の選択もプロットの解釈にも、それぞれ個人の主観が働く。また、そもそも人間は他者の意見を参考にして意見を構成する傾向が強く、家庭環境や教育・メディアの影響を強く受ける。その結果、被害国の人々は先の大戦は「日本がアジアを侵略した戦争」だと信じ、加害国の人々の中には「日本が自衛のために戦った」と信じる者もいる。

　この解答例はよく書けていると思います。200 字なので4つのセンテンスを構成し、それぞれに明確に異なる役割を与えることが重要です。

<h2 style="text-align:center">why を複数回重ねて、本質にたどりつく。</h2>

7. レジュメ作成 設問Ⅲ

それでは、最後の設問です。

■ 設問Ⅲへのアプローチ

> Ⅲ　20世紀は、ホロコースト（ナチスによるユダヤ人虐殺）、南京虐殺、原爆投下、ポル・ポト政権下の虐殺など、多くのジェノサイド（大量虐殺）がおこなわれた「野蛮な」世紀として後世の人々に記憶されるかもしれない。こうした出来事を理解し叙述するときに、課題文で論じられている歴史的事実と解釈の問題にどう向き合ったらいいのだろうか。あなたの見解を460字以上500字以内で述べなさい。

まずは「**歴史的事実と解釈の問題とは何か？**」という問いを立てます。課題文を確認すると、「『無限の解釈』が許されるという極論まであらわれてくる」という部分だとわかります。ここでホロコースト、南京虐殺、原爆投下、ポル・ポト政権下の虐殺、これらジェノサイドと無限の解釈を結びつけて考えます。

たとえばホロコーストについて、ナチスに肯定的な証拠やプロットは当然存在します。ホロコーストについても全面的に批判するのではなく、肯定的な部分も認めるべきではないか。課題文に基づいて無限の解釈を許すと、「ナチスは良いこともした」との主張も許されることになります。

しかし現実的には、政治家だけでなく民間人でもそのような主張は決して**許されません**。たとえ思想良心の自由や表現の自由があったとしても、そのような趣旨の雑誌を出版すれば、雑誌そのものが廃刊となります。それはなぜなのでしょうか？

アメリカなどでは<u>原爆投下が肯定的に解釈</u>されることがあります。広

島や長崎に原爆投下をしなければ、アメリカにも日本にもより多くの死傷者が出たはずだ。無限の解釈が許されるならば、そんな解釈も認めることになります。それで本当に良いのでしょうか？　ここは十分に考えてから先に進みましょう。

> NOTE
>
> ・歴史的事実と解釈の問題とは何か？
>
> 　無限の解釈が許される
>
> 　ホロコーストを肯定する議論も許される
>
> →無限の解釈が許されると何が問題なのか？
>
> →なぜ、ホロコーストを肯定する議論は許されないのか？
>
> 　人類が築き上げた価値（国際法など）を否定し、
>
> 　無秩序な世界観を肯定することになりうる

■ 価値観を共有する難しさ

　ここで、あえて少し文脈を変えましょう。以前、神戸の14歳の少年が連続殺人で逮捕された頃に「なぜ人を殺してはいけないのか」が文壇で大きく取り上げられました。『文藝春秋』では特集が組まれ、評論家の小浜逸郎氏なども同タイトルの本を出版しました。「法律で禁止されているから」は1つの解答にはなりますが、違法でなければ人を殺してもいいのでしょうか？

　「生命は尊いから」は正しい解答だとは思います。しかし、議論の相手が「自分の命も相手の命も重要ではない」と考えていれば、もはや説得は困難でしょう。実はその視点が重要なのです。**価値観を共有できない相手を説得することは極めて困難**です。その意味でこの「なぜ人を殺してはいけないのか？」に適切な解答を与えるのはすごく難しいのです。

　しかし、もし相手が「自分の命は重要である」との認識を持つならば、話は変わってきます。想像してみましょう。人と人が殺しあうという状況になれば、社会は存続不可能になります。そのような殺伐とした社会、「万人の万人に対する闘争」状態で生きるのは大変困難でしょう。

だからこそわれわれは人々と信頼関係を築き、ルールや慣習を作り出してきました。これはルソーの社会契約説＊の考え方です。そして、社会にはその基盤として「命は重要である」との価値観があるのです。このように、社会は特定の価値観を土台にして成り立っています。

社会の構築には、価値観の共有が不可欠。

■ テーマを学問と結び付ける

　さて、ここで議論を戻します。ホロコーストを肯定する議論はなぜ許されないのでしょうか？　ナチスは良いこともした。たしかにそういう側面もあるかもしれません。しかし、それは**戦争の悲惨さや加害性を薄める**言説なのも事実です。

　殊更にそのような側面を強調すれば、人類が作り出した重要な価値が毀損される。そういった認識がジェノサイドを強く否定させるのでしょう。何らかの理由があるからといってジェノサイドを行うなどということは絶対に許されない。いわば、**社会は「ジェノサイドを否定する」という価値観を前提に成立している**のです。

　社会科学の問題では歴史的背景に立ち戻ることが重要だと説明しました。今回も**「ジェノサイドが禁止されたのはどのような背景か？」**を考えましょう。人類はこれまで戦争で大きな被害をもたらしてきました。第二次世界大戦のみならず、先に挙げた三十年戦争も悲惨な戦争でした。そして戦後、われわれは戦争を防止するために様々な慣習や取り決めを作りました。それが国際人道法や国際人権法など、国際的に幅広く受け入れられ、明文化された国際法です。

　国連憲章による戦争の違法化、あるいはジュネーヴ条約などによる捕虜の虐待の禁止、生物化学兵器の使用の禁止、核兵器開発の制約。これらは人類が様々な惨禍の後、合意してきた人類の叡智そのものです。こ

＊ 社会契約説 … 17〜18世紀の欧州で展開された政治理論。人々が自発的に契約を結ぶことによって、社会や国家が成立するとした。

れらの価値をわれわれは強く認識するとともに、国際刑事裁判所が**ジェノサイドなどを国際犯罪として取り扱うことも制度化**されてきました。

つまり、ジェノサイドの否定は社会の根幹にある価値観であり、いかなる条件でも肯定することは許されない。そのような認識がジェノサイドを肯定する議論や価値相対主義を否定する重要な根拠となるのでしょう。

もちろんこの議論も反論可能です。どんな価値観を普遍的な価値観とするのかといった大きな課題があります。なお、設問Ⅲについては他の論点に言及した解答も考えられます。NOTEを見て発展的に学習を深めてみてください。

・ジェノサイドが禁止されたのはどのような背景か？
　　戦争の近代化によって被害が大きくなったから
・なぜ、国際法が重要なのか？
　　国際社会には絶対的なパワーがなく、明文化された
　　合意の履行が重要だから

■ 現代社会に引き寄せて考える

ここでまた文脈を変えます。なぜロシアがウクライナに侵攻した際に、国際社会はウクライナを支援したのか？　それは人類が築き上げてきた価値を守るために他なりません。ロシアにもミンスク合意の不履行など様々な言い分があるのは当然です。

しかし、国際社会ではいかなる理由があろうとも国際紛争を解決する手段として武力の行使は許されません。戦争を違法化して武力行使を禁じる「集団安全保障」は人類が築き上げた価値です。**集団安全保障によって戦争を違法化する**ことを前提に、社会は成り立っています。

だからこそ、ロシアがウクライナ侵攻においてその原則を破り、武力の行使によって**何かを得た、という歴史を残すわけにはいかない**のです。国際政治学者が重ねて主張しているのがまさにこの点です。

具体的な論証には、Chapter 7 で扱ったポパーの「寛容のパラドックス」→p.238を用いることもできます。**われわれがもし不寛容なものにまで寛容であろうとすると、寛容な人々も寛容な社会も彼らに滅ぼされてしまう**。このような、価値相対主義に対する批判的な視座を持てるかがカギになります。

　もちろん、あなたがどのように考えるかは自由です。しかし明確に自らの価値観を示し、主張することが小論文という科目の原点なのは忘れないでください。

8. 文章化

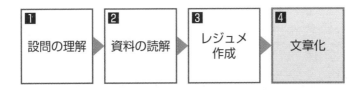

　最後に設問Ⅲの解答例を示します。今回はコメントを掲載しません。ぜひ皆さんもこの問題についてよく考えてみてください。

　ここまでの課題で小論文の基本はすべてお話ししました。それぞれのテーマや考え方は重厚なものばかりですので、ぜひ自分で学習を深めてください。様々な知識を総合的・統合的に活用して、現代社会の複雑な課題やその原因を的確に把握する。さらには、他者と議論を深めて解決策を導き、主体的に問題を解決する。これらの能力は一生役に立ちます。

　私たちの社会は私たち自身が創り出すものです。皆さんが大学入学後も学習を続け、皆さんの能力を社会に還元していただければ、一人の講師としてとても嬉しいです。

解答例1

大量虐殺などの20世紀の出来事を理解し叙述する際、歴史の無限解釈を盾にジェノサイドを擁護してはならない。たしかに、歴史の解釈方法は各人の立場や経験によって異なり、一概に成否を判断できないという価値相対主義的な意見もある。しかし、いかなる場合でも、他者の人権を蹂躙した歴史を正義と認めるべきではない。なぜなら、これらを黙認することで、人類が築いた国際秩序が崩壊し、暴力が席巻する世界を招くからである。そこで、国際法に代表される、人類が構築した基本的人権や国際秩序などの価値を私達は断固として守るべきである。そもそも国際法は、三十年戦争での民間人の被害や二回の世界大戦の反省から作られており、多くの犠牲を払い成立している。その中で規定される基本的人権や大量虐殺禁止原則の不履行は人類の叡智を否定する行為であり、倫理的問題がある。一方、国際法自体が強い拘束力を持たず、また内政不干渉の原則により他国が関与しにくいため、依然としてウクライナ侵攻のような虐殺行為は起こり得る。そのため、各人が他者の権利を尊重する意識を持ち、ジェノサイドを正当化する論説に異議を唱えることが重要なのである。

解答例2

歴史的事実と解釈では、歴史家が主観に基づいて根拠を選択し、解釈できるため、無限の解釈が許容されうる。しかし、あらゆる解釈を認める価値相対主義は肯定されるべきでない。なぜなら、国際法で違法とされる大量虐殺などをやむを得なかったとする解釈でさえ、許されうるためである。人類が戦争やジェノサイドなどの負の歴史を背景に築き上げてきた、国際体制や叡智を守るため、無限の解釈を否定する必要がある。歴史的事実の解釈の際には、異なる視点に基づいた証拠やプロットを複数用いることが重要である。たとえば、現在ウクライナは、ロシア軍の一方的な侵攻により、民間人の多くも犠牲を強いられる戦争状態にある。しかし、ロシア国内では、ウクライナが武装しロシアを脅かしているため、侵攻は妥当だとする政府の主観的な解釈が流布している。したがって、歴史や現状を正しく把握するには、一方向的な見方ではなく、第3国などの新たな俯瞰的視点をもとに、解釈する必要がある。このように、無限の解釈を許す価値相対主義や歴史修正主義を否定し、多様な証拠やプロットを取り入れた歴史的事実の解釈を行うことが求められる。

おわりに

　<u>人間は覚悟を決めることで行動できます</u>。あなたは受験生として覚悟を決められていますか？　時計を見て、「あと30分したら始めよう」などと考えてダラダラしてしまう。「今日は疲れているから」「試験が終わったから」「友達や家族との付き合いも重要だから」人間は意志が弱いので、勉強したくないときにそれらしい「理由」はいくらでも浮かんできます。しかしそんなときにこそ、あなたの覚悟が問われます。

　テレビや動画、漫画、ＳＮＳ、ゲーム、友達とのおしゃべり。何かを中途半端に減らそうとするのは案外難しいものです。あなたは自分が無駄に時間を使っているものを特定し、<u>今日この後すぐに、スパッとやめられるでしょうか？</u>　それは苦しいことだと思います。しかしあなたが覚悟を決めて、選択をしなければ何も始まりません。

選択の良し悪しは、
選択後の努力によって決定される。

　これは私の好きな言葉です。人間は<u>様々な場面で選択を余儀なくされます</u>。大学や学部、サークルやゼミ、アルバイトや就職先、恋人や結婚相手。長い人生で楽しい選択もあれば、望まない選択もあるでしょう。そして、私たちは選択の岐路に立たされたとき、少しでも良い選択をしたいと思って色々と悩みます。

　しかし、その選択肢が良いかどうかは、私たちが<u>選択する際にはまだ決定されていません</u>。自分が選択した後、どのように努力を重ねていくか。その努力によって、私たちは自らの選択を良いものにも悪いものにもできるのです。<u>自らの選択を最高のものにする</u>と覚悟を決めて、最高の人生を謳歌してください。

　最後まで本書を読んでいただき、本当にありがとうございました。皆さんの幸福を心から祈っています。

正司 光範

巻末付録

■ 参考人物リスト
■ 参考書籍リスト

参考人物

■ アルベール・カミュ

フランスの小説家・劇作家・評論家 (1913-1960)。第二次世界大戦中、対独抵抗運動に参加。不条理とそれに反抗する人間を描いた。主著『異邦人』『ペスト』など。

■ イマヌエル・カント

ドイツの哲学者 (1724-1804)。近代哲学を代表する哲学者の一人。従来の形而上学のあり方を批判した。主著『純粋理性批判』『実践理性批判』など。

■ ヴィクトール・E・フランクル

オーストリアの精神科医・心理学者 (1905-1997)。第二次世界大戦中に強制収容所に送られ、生還。実存分析とロゴテラピーを唱えた。主著『夜と霧』『死と愛』など。

■ カール・ポパー

オーストリア出身のイギリスの哲学者 (1902-1994)。批判的合理主義を唱え、科学哲学の展開に大きな影響を与えた。主著『開かれた社会とその敵』『歴史主義の貧困』など。

■ サミュエル・ベケット

アイルランド・フランスの小説家・劇作家 (1906-1989)。不条理演劇を代表する作家の一人で 1969 年ノーベル文学賞を受賞。戯曲『ゴドーを待ちながら』など。

■ ジャン＝ポール・サルトル

フランスの哲学者・文学者 (1905-1980)。実存主義を提唱。文学者の社会参加を説いた。主著『嘔吐』『存在と無』など。

■ セーレン・キルケゴール

デンマークの思想家 (1813-1855)。実存主義の先駆者。ヘーゲルの合理主義に反対した。主著『死に至る病』『あれか、これか』など。

■ トマ・ピケティ

フランスの経済学者 (1971-)。経済格差と不平等の問題を研究する。主著『21世紀の資本』『格差と再分配——20世紀のフランス資本』など。

■ フランツ・カフカ

チェコ出身のドイツ語作家（1883-1924）。人間存在の不条理を描いた実存主義文学の先駆者。主著『変身』『審判』など。

■ フリードリヒ・ニーチェ

ドイツの哲学者・詩人（1844-1900）。キルケゴールと並ぶ実存主義の先駆者であると同時に、生の哲学の先駆者。主著『ツァラトゥストラはかく語りき』『権力への意志』など。

■ マイケル・サンデル

アメリカの政治哲学者・倫理学者・大学教授 (1953-)。コミュニタリアニズム（共同体主義）の論客。主著『これからの「正義」の話をしよう——いまを生き延びるための哲学』『実力も運のうち——能力主義は正義か？』など。

■ ミシェル・フーコー

フランスの哲学者（1926-1984）。構造主義を提唱。思想や知の認識論的研究を行った。主著『狂気の歴史』『監獄の誕生——監視と処罰』など。

■ ロナルド・D・レイン

イギリスの精神科医（1927-1989）。反精神医学の理論家。社会的・政治的枠組みの中で精神障害が作り出されると唱えた。主著『引き裂かれた自己——狂気の現象学』『自己と他者』など。

参考書籍

〈教養全般〉

■ 『夜と霧（新版）』ヴィクトール・E・フランクル（みすず書房）

ユダヤ人としてアウシュヴィッツに囚われ、奇蹟的に生還した心理学者の体験に基づく記述。人間にとって生きる意味とは何かを考える良書。

■ 『愛するということ』エーリッヒ・フロム（紀伊國屋書店）

人間は「愛されたい」と思うが、本当に必要なのは「愛する」ことである。「愛する」ための技術を語る。豊かな人間関係の構築につながる良書。

■ 『人生の短さについて』セネカ（岩波書店 ほか）

人生に関する名著。人生は浪費すれば短いが、うまく活用すれば十分に長い。快楽ではなく徳こそが幸福の必要十分条件。

■ 『君たちはどう生きるか』吉野源三郎（岩波書店）

スタジオジブリが製作した同名映画の元にもなった名著。人間がいかに生きるかについて、社会科学的認識と結びつけて論じられる。

〈哲学〉

■ 『14歳からの哲学』池田晶子（トランスビュー）

高校生にも読みやすい哲学全般の入門書。自分とは誰か。死をどう考えるか。心はどこにあるか。目には見えない物事をテーマに「考える」力を養う。

■ 『ひとはなぜ服を着るのか』鷲田清一（筑摩書房）

日本を代表する哲学者の論考。ファッションやモードを素材として、アイデンティティや自分らしさの問題を現象学的な視線で分析する。

■ 『暇と退屈の倫理学』國分功一郎（新潮社 ほか）

「暇」とは何か。人間はいつから「退屈」しているのか。現代の消費社会において気晴らしと退屈が抱える問題点を鋭く指摘する。

■ 『実力も運のうち──能力主義は正義か?』マイケル・サンデル（早川書房）

能力主義が生み出す分断についての一考察。実力や能力は個人の努力の結果とは言い切れない。その過程に存在する様々な偶然に大きく左右される。

■ 『これからの「正義」の話をしよう──いまを生き延びるための哲学』マイケル・サンデル（早川書房）

我々は正義をどう判断すべきなのか。正義に関する哲学を扱った論考。多くの具体的なテーマが論じられる。

〈歴史学〉

■ 『世界史 上・下』ウィリアム・H・マクニール（中央公論新社）

体系的かつコンパクトな世界史。ユーラシアの文明誕生から紀元後1500年までの四大文明の伸展まで、人間の歴史の流れを大きく捉える。

■ 『歴史とは何か』E.H.カー（岩波書店）

歴史学の名著。歴史を「現在と過去のあいだの対話」と捉え、事実と解釈、歴史と客観性など、歴史を考えるうえで重要なテーマが論じられている。

■ 『銃・病原菌・鉄── 一万三〇〇〇年にわたる人類史の謎 上・下』ジャレド・ダイアモンド（草思社）

人類の歴史を決定的に変えた3つを中心とした論考。過去500年間、なぜヨーロッパ人が他の文明を支配したのか。遺伝的優位性を否定し、地理的要因から論じる。

■ 『サピエンス全史──文明の構造と人類の幸福 上・下』ユヴァル・ノア・ハラリ（河出書房新社）

歴史学や進化生物学のもと、石器時代から21世紀までの人類の歴史を概観する。国家、貨幣、企業など虚構が他人との協力を可能にし、文明をもたらしたと捉える。

〈文学〉

■ 『こころ』夏目漱石（新潮社 ほか）

近代日本文学を代表する名作。親友を裏切って恋人を得た。そして、親友は自殺した。増殖する罪悪感、そして焦燥。知識人の孤独な内面をえぐる。

■ 『雪国』川端康成（新潮社 ほか）

人生の哀しさ美しさをうたった物語。「無為の孤独」を非情に守る青年・島村と雪国の芸者・駒子の純情と関わりが豊かに描かれる。

■ 『破戒』島崎藤村（新潮社）

被差別部落の出身である青年教師・瀬川丑松は、出自を隠し生きることに苦悩する。丑松の追い詰められていく様が緻密に描かれる。

■ 『罪と罰』ドストエフスキー（新潮社 ほか）

ロシア文学の名作。殺人を犯し、その罪の意識に苦悩する貧しい青年・ラスコーリニコフが、家族のために尽くす娼婦・ソーニャとの交流を通して改心する過程を描く。

■ 『異邦人』アルベール・カミュ（新潮社）

不条理文学の名作。母の死後、太陽のまぶしさを理由に殺人を犯し、死刑宣告を受けたムルソー。巨大な喪失にショックを受け、不気味に変質した男が描かれる。

■ 『変身』フランツ・カフカ（新潮社 ほか）

第一次大戦後のドイツの精神的危機を投影した不条理文学。物語は、主人公のグレゴール・ザムザがある朝起きると巨大な虫に変わっていたところから始まる。

〈法学〉

■『もしも世界に法律がなかったら──「六法」の超基本がわかる物語』
木山泰嗣（日本実業出版社）

小説仕立ての法律の入門書。「六法のない世界」を舞台に展開される。

■『高校生からの法学入門』中央大学法学部編（中央大学出版部）

高校生を対象にした法学の入門書。ＳＮＳ、18歳選挙権、ブラックバイ
トなど、高校生でも身近に感じられる話題を通して「法的なものの考え方」
が紹介される。

■『日本人の法意識』川島武宜（岩波書店）

日本人の法意識の歴史的変遷を論じた名書。西欧諸国にならって作られ
た明治の法体系と当時の国民生活には大きなズレがあったことが論じら
れる。

〈政治学・政策学〉

■『プロテスタンティズムの倫理と資本主義の精神』マックス・ヴェー
バー（岩波書店）

近代資本主義の成立を究明した論考。プロテスタントの世俗内禁欲が、
資本主義の精神に適合性を持っていたという歴史の逆説が描かれる。

■『想像の共同体──ナショナリズムの起源と流行』ベネディクト・ア
ンダーソン（NTT出版 ほか）

国民・民族は想像された共同体であるとの論考。国民国家の成立を通して、
18世紀ヨーロッパでナショナリズムが生まれ、世界的な思想となる過程
が描かれる。

■『危機の二十年──理想と現実』E.H. カー（岩波書店）

国際政治の力学を描いた国際政治学の名著。戦間期20年の国際政治に
展開した「理想主義」と「現実主義」の抗争を分析する。

■ 『女性のいない民主主義』前田健太郎（岩波書店）

民主主義社会で女性がどのように扱われたかを論じる。政治学にジェンダーの視点が欠如していたことを指摘し、男性支配からの脱却を模索する。

■ 『総合政策学の方法論的展開』桑原武夫／清水唯一朗編（慶應義塾大学出版会）

慶應義塾大学SFCがまとめた、「総合政策学」とは何かの論考。アクターの特殊性やガバナンスなど、総合政策学の問題意識がわかる一冊。

〈国際関係学〉

■ 『国際秩序——18世紀ヨーロッパから21世紀アジアへ』細谷雄一（中央公論新社）

国際秩序がどのように作られたのかを論じる入門書。欧州史をベースにしながら、日本外交にまで触れていく。豊富な知識に触れられる良書。

■ 『国際政治——恐怖と希望（改版）』高坂正堯（中央公論新社）

国際政治学の名著。戦争の危機はなぜ去らないのか。軍縮、経済交流、国際機構などを検討しながら、国家利益やイデオロギーがからみあう現実世界を分析する。

■ 『戦後日本外交史』五百旗頭真（有斐閣）

占領期から21世紀までの日本外交史。戦後日本が変動する国際環境の中で、どのような外交的選択をしたかが論じられる。政治学系の受験生には必読。

■ 『国際紛争——理論と歴史』ジョセフ・S・ナイ・ジュニア／デイヴィッド・A・ウェルチ（有斐閣）

世界中の多くの大学で使われている国際政治学のテキスト。国際関係史をベースにしながら、安全保障政策まで体系的かつ網羅的に論じられる。

〈経済学・データサイエンス〉

■ 『高校生のための経済学入門』小塩隆士（筑摩書房）

高校生向けに書かれた経済学の入門書。実践の場面で生かせる経済学の基本的な考え方をわかりやすく解説している。

■ 『シン・ニホン──AI×データ時代における日本の再生と人材育成』安宅和人（NewsPicksパブリッシング）

ビジネス・教育・政策の側面からデータを使った大胆な分析。AI×データの時代において、日本の若者やビジネスマンがどう向き合うべきかが論じられる。

■ 『イシューからはじめよ──知的生産の「シンプルな本質」』安宅和人（英治出版）

ロジカルシンキングの入門書。優れた知的生産にあるという共通の手法が紹介される。経営学や政策系学部の志望者におすすめ。

■ 『原因と結果の経済学──データから真実を見抜く思考法』中室牧子／津川友介（ダイヤモンド社）

データサイエンスを用いて原因と結果の関係を論じた良書。「テレビを見せると学力が下がる」「偏差値の高い大学に行けば収入が上がる」はなぜ間違いなのかが論じられる。

■ 『〈はかる〉科学──計・測・量・謀……はかるをめぐる12話』阪上孝／後藤武（中央公論新社）

人類の「はかる」行為をつきつめて検討し、「はかる」ための技法を紹介。何をどのように計測するのか。情報系学部の志望者におすすめ。

MEMO

大学受験　名人の授業シリーズ

正司の小論文 探究の教科書

発行日：2023年 12月 25日　初版発行

著者：**正司光範**
発行者：**永瀬昭幸**
発行所：**株式会社ナガセ**
〒180-0003 東京都武蔵野市吉祥寺南町 1-29-2
出版事業部（東進ブックス）
TEL：0422-70-7456 ／ FAX：0422-70-7457
URL：http://www.toshin.com/books/（東進WEB書店）
※本書を含む東進ブックスの最新情報は東進WEB書店をご覧ください。

編集担当：山鹿愛子

編集協力：内田夏音　竹田彩乃　相田こころ
カバーデザイン：山口勉
カバーイラスト：新谷圭子
本文イラスト：中村萌子
制作協力：株式会社群企画
本文デザイン・DTP：東進ブックス編集部
印刷・製本：シナノ印刷株式会社

東進の実力講師陣 数多くのベストセラー参考書を執筆!!

東進ハイスクール・東進衛星予備校では、そうそうたる講師陣が君を熱く指導する!

本気で実力をつけたいと思うなら、やはり根本から理解させてくれる一流講師の授業を受けることが大切です。東進の講師は、日本全国から選りすぐられた大学受験のプロフェッショナル。何万人もの受験生を志望校合格へ導いてきたエキスパート達です。

英語

本物の英語力をとことん楽しく!日本の英語教育をリードするMr.4Skills.

安河内 哲也先生
[英語]

100万人を魅了した予備校界のカリスマ。抱腹絶倒の名講義を見逃すな!

今井 宏先生
[英語]

爆笑と感動の世界へようこそ。「スーパー速読法」で難解な長文も速読即解!

渡辺 勝彦先生
[英語]

雑誌『TIME』やベストセラーの翻訳も手掛け、英語界でその名を馳せる実力講師。

宮崎 尊先生
[英語]

いつのまにか英語を得意科目にしてしまう、情熱あふれる絶品授業!

大岩 秀樹先生
[英語]

全世界の上位5%(PassA)に輝く、世界基準のスーパー実力講師!

武藤 一也先生
[英語]

関西の実力講師が、全国の東進生に「わかる」感動を伝授。

慎 一之先生
[英語]

数学

数学を本質から理解し、あらゆる問題に対応できる力を与える珠玉の名講義!

志田 晶先生
[数学]

論理力と思考力を鍛え、問題解決力を養成。多数の東大合格者を輩出!

青木 純二先生
[数学]

「ワカル」を「デキル」に変える新しい数学は、君の思考力を刺激し、数学のイメージを覆す!

松田 聡平先生
[数学]

予備校界を代表する講師による魔法のような感動講義を東進で!

河合 正人先生
[数学]

国語

「脱・字面読み」トレーニングで、「読む力」を根本から改革する！

興水 淳一先生
[現代文]

明快な構造板書と豊富な具体例で必ず君を納得させる！「本物」を伝える現代文の新説。

西原 剛先生
[現代文]

東大・難関大志望者から絶大なる信頼を得る本質の指導を追究。

栗原 隆先生
[古文]

ビジュアル解説で古文を簡単明快に解き明かす実力講師。

富井 健二先生
[古文]

縦横無尽な知識に裏打ちされた立体的な授業に、グングン引き込まれる！

三羽 邦美先生
[古文・漢文]

幅広い教養と明解な具体例を駆使した緩急自在の講義。漢文が身近になる！

寺師 貴憲先生
[漢文]

文章で自分を表現できれば、受験も人生も成功できますよ。「笑顔と努力」で合格を！

石関 直子先生
[小論文]

理科

正しい道具の使い方で、難問が驚くほどシンプルに見えてくる！

宮内 舞子先生
[物理]

化学現象を疑い化学全体を見通す"伝説の講義"は東大理三合格者も絶賛。

鎌田 真彰先生
[化学]

「なぜ」をとことん追究し「規則性」「法則性」が見えてくる大人気の授業！

立脇 香奈先生
[化学]

「いきもの」をこよなく愛する心が君の探究心を引き出す！生物の達人。

飯田 高明先生
[生物]

地歴公民

歴史の本質に迫る授業と、入試頻出の「表解板書」で圧倒的な信頼を得る！

金谷 俊一郎先生
[日本史]

つねに生徒と同じ目線に立って、入試問題に対する的確な思考法を教えてくれる。

井之上 勇先生
[日本史]

"受験世界史に荒巻あり"と言われる超実力人気講師！世界史の醍醐味を。

荒巻 豊志先生
[世界史]

世界史を「暗記」科目だなんて言わせない。正しく理解すれば必ず伸びることを一緒に体感しよう。

加藤 和樹先生
[世界史]

どんな複雑な歴史も難問も、シンプルな解説で本質から徹底理解できる。

清水 裕子先生
[世界史]

わかりやすい図解と統計の説明に定評。

山岡 信幸先生
[地理]

政治と経済のメカニズムを論理的に解明しながら、入試頻出ポイントを明確に示す。

清水 雅博先生
[公民]

「今」を知ることは「未来」の扉を開くこと。受験に留まらず、目標を高くそして強く持て！

執行 康弘先生
[公民]

映像によるIT授業を駆使した最先端の勉強法

高速学習

一人ひとりの レベル・目標にぴったりの授業

東進はすべての授業を映像化しています。その数およそ1万種類。これらの授業を個別に受講できるので、一人ひとりのレベル・目標に合った学習が可能です。1.5倍速受講ができるほか自宅からも受講できるので、今までにない効率的な学習が実現します。

1年分の授業を 最短2週間から1カ月で受講

従来の予備校は、毎週1回の授業。一方、東進の高速学習なら毎日受講することができます。だから、1年分の授業も最短2週間から1カ月程度で修了可能。先取り学習や苦手科目の克服、勉強と部活との両立も実現できます。

現役合格者の声

東京大学 文科一類
早坂 美玖さん
東京都 私立 女子学院高校卒

私は基礎に不安があり、自分に合ったレベルから対策ができる東進を選びました。東進では、担任の先生との面談が頻繁にあり、その都度、学習計画について相談できるので、目標が立てやすかったです。

先取りカリキュラム

	高1	高2	高3
東進の学習方法	高1生の学習 →	高2生の学習 →	高3生の学習 → 受験勉強
		高2のうちに受験全範囲を修了する	
従来の学習方法 (公立高校の場合)	高1生の学習 →	高2生の学習 →	高3生の学習

目標まで一歩ずつ確実に

スモールステップ・ パーフェクトマスター

自分にぴったりのレベルから学べる 習ったことを確実に身につける

高校入門から最難関大までの12段階から自分に合ったレベルを選ぶことが可能です。「簡単すぎる」「難しすぎる」といったことがなく、志望校へ最短距離で進みます。
授業後すぐに確認テストを行い内容が身についたかを確認し、合格したら次の授業に進むので、わからない部分を残すことはありません。短期集中で徹底理解をくり返し、学力を高めます。

現役合格者の声

東北大学 工学部
関 響希くん
千葉県立 船橋高校卒

受験勉強において一番大切なことは、基礎を大切にすることだと学びました。「確認テスト」や「講座修了判定テスト」といった東進のシステムは基礎を定着させるうえでとても役立ちました。

パーフェクトマスターのしくみ

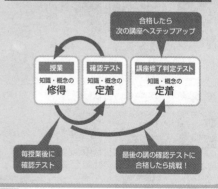

徹底的に学力の土台を固める

高速マスター 基礎力養成講座

高速マスター基礎力養成講座は「知識」と「トレーニング」の両面から、効率的に短期間で基礎学力を徹底的に身につけるための講座です。英単語をはじめとして、数学や国語の基本項目も効率よく学習できます。オンラインで利用できるため、校舎だけでなく、スマートフォンアプリで学習することも可能です。

現役合格者の声

早稲田大学 基幹理工学部
曽根原 和奏さん
東京都立 立川国際中等教育学校卒

演劇部の部長と両立させながら受験勉強をスタートさせました。「高速マスター基礎力養成講座」はおススメです。特に英単語は、高3になる春までに完成させたことで、その後の英語力の自信になりました。

東進公式スマートフォンアプリ

■東進式マスター登場！
（英単語／英熟語／英文法／基本例文）

スマートフォンアプリでスキマ時間も徹底活用！

１）スモールステップ・パーフェクトマスター！
頻出度（重要度）の高い英単語から始め、1つのSTAGE（計100語）を完全修得すると次のSTAGEに進めるようになります。

２）自分の英単語力が一目でわかる！
トップ画面に「修得語数・修得率」をメーター表示！
自分が今何語修得しているのか、どこを優先的に学習すべきなのか一目でわかります。

３）「覚えていない単語」だけを集中攻略できる！
未修得の単語、または「My単語（自分でチェック登録した単語）」だけをテストする出題設定が可能です。
すでに覚えている単語を何度も学習するような無駄を省き、効率良く単語力を高めることができます。

共通テスト対応 英単語1800

共通テスト対応 英熟語750

英文法 750

英語基本 例文300

「共通テスト対応英単語1800」2023年共通テストカバー率99.8%！

君の合格力を徹底的に高める

志望校対策

第一志望校突破のために、志望校対策にどこよりもこだわり、合格力を徹底的に極める質・量ともに抜群の学習システムを提供します。従来からの「過去問演習講座」に加え、AIを活用した「志望校別単元ジャンル演習講座」、「第一志望校対策演習講座」で合格力を飛躍的に高めます。東進が持つ大学受験に関するビッグデータをもとに、個別対応の演習プログラムを実現しました。限られた時間の中で、君の得点力を最大化します。

現役合格者の声

京都大学 法学部
山田 悠雅くん
神奈川県 私立 浅野高校卒

「過去問演習講座」には解説授業や添削指導があるので、とても復習がしやすかったです。「志望校別単元ジャンル演習講座」では、志望校の類似問題をたくさん演習できるので、これで力がついたと感じています。

大学受験に必須の演習

■過去問演習講座
1. 最大10年分の徹底演習
2. 厳正な採点、添削指導
3. 5日以内のスピード返却
4. 再添削指導で着実に得点力強化
5. 実力講師陣による解説授業

東進×AIでかつてない志望校対策

■志望校別単元ジャンル演習講座
過去問演習講座の実施状況や、東進模試の結果など、東進で活用したすべての学習履歴をAIが総合的に分析。学習の優先順位をつけ、志望校別に「必勝必達演習セット」として十分な演習問題を提供します。問題は東進が分析した、大学入試問題の膨大なデータベースから提供されます。苦手を克服し、一人ひとりに最適な志望校対策を実現する日本初の学習システムです。

志望校合格に向けた最後の切り札

■第一志望校対策演習講座
第一志望校の総合演習に特化し、大学が求める解答力を身につけていきます。対応大学は校舎にお問い合わせください。

合格の秘訣③ 東進模試

学力を伸ばす模試

■ 本番を想定した「厳正実施」
統一実施日の「厳正実施」で、実際の入試と同じレベル・形式・試験範囲の「本番レベル」模試。
相対評価に加え、絶対評価で学力の伸びを具体的な点数で把握できます。

■ 12大学のべ42回の「大学別模試」の実施
予備校界随一のラインアップで志望校に特化した"学力の精密検査"として活用できます（同日・直近日体験受験を含む）。

■ 単元・ジャンル別の学力分析
対策すべき単元・ジャンルを一覧で明示。学習の優先順位がつけられます。

■ 最短中5日で成績表返却 WEBでは最短中3日で成績を確認できます。※マーク型の模試のみ

■ 合格指導解説授業 模試受験後に合格指導解説授業を実施。重要ポイントが手に取るようにわかります。

[2023年度]

東進模試 ラインアップ

共通テスト対策
- ■ 共通テスト本番レベル模試 …… 全4回
- ■ 全国統一高校生テスト （全学年統一部門）（高2生部門）（高1生部門） 全2回

同日体験受験
- ■ 共通テスト同日体験受験 …… 全1回

記述・難関大対策
- ■ 早慶上理・難関国公立大模試 全5回
- ■ 全国有名国公私大模試 …… 全5回
- ■ 医学部82大学判定テスト …… 全2回

基礎学力チェック
- ■ 高校レベル記述模試 〈高2〉〈高1〉 全2回
- ■ 大学合格基礎力判定テスト …… 全4回
- ■ 全国統一中学生テスト （全学年統一部門）（中2生部門）（中1生部門） 全2回
- ■ 中学学力判定テスト （中2生）（中1生） 全4回

※ 2023年度に実施予定の模試は、今後の状況により変更する場合があります。
最新の情報はホームページでご確認ください。

大学別対策
- ■ 東大本番レベル模試 …… 全4回
- ■ 高2東大本番レベル模試 全4回
- ■ 京大本番レベル模試 …… 全4回
- ■ 北大本番レベル模試 …… 全2回
- ■ 東北大本番レベル模試 …… 全2回
- ■ 名大本番レベル模試 …… 全3回
- ■ 阪大本番レベル模試 …… 全3回
- ■ 九大本番レベル模試 …… 全3回
- ■ 東工大本番レベル模試 …… 全2回
- ■ 一橋大本番レベル模試 …… 全2回
- ■ 神戸大本番レベル模試 …… 全2回
- ■ 千葉大本番レベル模試 …… 全1回
- ■ 広島大本番レベル模試 …… 全1回

同日体験受験
- ■ 東大入試同日体験受験 …… 全1回
- ■ 東北大入試同日体験受験 …… 全1回
- ■ 名大入試同日体験受験 …… 全1回

直近日体験受験 …… 各1回
- ■ 京大入試直近日体験受験
- ■ 北大入試直近日体験受験
- ■ 阪大入試直近日体験受験
- ■ 九大入試直近日体験受験
- ■ 東工大入試直近日体験受験
- ■ 一橋大入試直近日体験受験

2023年 東進現役合格実績
難関大グループ 現役合格 史上最高続出！

東大 現役合格 実績日本一 ※1 5年連続800名超！
現役生のみ！講習生を含みます！

※1 2022年の東大現役合格実績を公表している予備校の中で東進の853名が最大（2022年JDnet調べ）。

東大845名

文科一類 121名	理科一類 311名
文科二類 111名	理科二類 126名
文科三類 107名	理科三類 38名
	学校推薦 31名

現役合格者の36.9%が東進生！
東京大学 現役合格おめでとう!!

東進生現役占有率 845 / 2,284
36.9%
全現役合格者（前期＋推薦）に占める東進生の割合
2023年の東大全体の現役合格者は2,284名。東進の現役合格者は845名。東進生の占有率は36.9%。現役合格者の2.8人に1人が東進生です。

学校推薦型選抜も東進！
東大31名 36.4%
推薦入試での東進現役占有率

現役推薦合格者の36.4%が東進生！

法学部 5名	薬学部 1名
経済学部 3名	医学部医学科の75.0%が東進生！
文学部 1名	医学部医学科 3名
教養学部 2名	医学部
工学部 10名	健康総合科学科 1名
理学部 3名	
農学部 2名	

医学部も東進 日本一 ※2 の実績を更新!!
※2 2022年の国公立大医学部医学科現役合格実績を公表している予備校の中で東進の1,032名が最大（2022年JDnet調べ）。

国公立医・医
1,064名 昨対 +32名

史上最高！ 現役生のみ！講習生を含みます！
1,064名 '23 ／ 1,032名 '22 ／ 987名 '21

2023年の国公立大医学部医学科全体の現役合格者は未公表のため、仮に昨年の現役合格者数（推定）を分母として東進生占有率を算出すると、東進生の占有率は29.4%。現役合格者の3.4人に1人が東進生です。

東進生現役占有率 **29.4%**

早慶 5,741名 昨対 +63名
史上最高！ 現役生のみ！講習生を含みます！
5,741名 '23 ／ 5,678名 '22 ／ 6,193名 '21
早稲田大 3,523名 ｜ 慶應義塾大 2,218名

上理 4,687名
昨対 +394名
史上最高！ 現役生のみ！講習生を含みます！
4,687名 '23 ／ 4,293名 '22
上智大 1,739名 ｜ 東京理科大 2,948名

明青立法中 17,520名 昨対 +492名
史上最高！ 現役生のみ！講習生を含みます！
17,520名 '23 ／ 17,028名 '22 ／ 14,107名 '21
明治大 5,294名 ｜ 中央大 2,905名
青山学院大 2,216名
立教大 2,912名
法政大 4,193名

関関同立 13,655名 昨対 +1,022名
史上最高！ 現役生のみ！講習生を含みます！
13,655名 '23 ／ 12,633名 '22 ／ 11,601名 '21
関西学院大 2,861名
関西大 2,918名
同志社大 3,178名
立命館大 4,698名

私立医・医 727名 昨対 +101名
現役生のみ！講習生を含みます！
727名 '23 ／ 626名 '22 ／ 604名 '21

日東駒専 10,945名 史上最高！
昨対 +934名

国公立大 17,154名 史上最高！
昨対 +652名
現役生のみ！講習生を含みます！
17,154名 '23 ／ 16,502名 '22 ／ 16,494名 '21

産近甲龍 6,217名 史上最高！
昨対 +132名

旧七帝大 ＋ 東工大・一橋大・神戸大
4,703名 昨対 +91名

史上最高！ 現役生のみ！講習生を含みます！
4,703名 '23 ／ 4,612名 '22 ／ 4,366名 '21

東京大	845名
京都大	472名
北海道大	468名
東北大	417名
名古屋大	436名
大阪大	617名
九州大	507名
東京工業大	198名
一橋大	195名
神戸大	548名

国公立 総合・学校推薦型選抜も東進！

国公立医・医	旧七帝大 ＋ 東工大・一橋大・神戸大
318名 昨対 +16名	**446名** 昨対 +31名

史上最高！ 現役生のみ！講習生を含みます！
318名 '23 ／ 302名 '22 ／ 287名 '21
446名 '23 ／ 415名 '22 ／ ...名 '21

東京大	31名
京都大	16名
北海道大	13名
東北大	120名
名古屋大	92名
大阪大	59名
九州大	41名
東京工業大	24名
一橋大	7名
神戸大	42名

ウェブサイトでもっと詳しく
東進 🔍 検索

各大学の合格実績は、東進ネットワーク（東進ハイスクール、東進衛星予備校、早稲田塾）の現役生のみ、高3時在籍者のみの合同実績です。一人で複数合格した場合は、それぞれの合格者数に計上しています。